Yours to keep

Muros, puentes
y litorales

Muros, puentes y litorales

Relación entre México, Cuba y Estados Unidos

CARLOS SALINAS DE GORTARI

DEBATE

Muros, puentes y litorales
Relación entre México, Cuba y Estados Unidos

Primera edición: marzo, 2017

D. R. © 2017, Carlos Salinas de Gortari

D. R. © 2017, derechos de edición mundiales en lengua castellana:
Penguin Random House Grupo Editorial, S. A. de C. V.
Blvd. Miguel de Cervantes Saavedra núm. 301, 1er piso,
colonia Granada, delegación Miguel Hidalgo, C. P. 11520,
Ciudad de México

www.megustaleer.com.mx

ISBN: 978-607-315-384-3

Impreso en México – *Printed in Mexico*

El papel utilizado para la impresión de este libro ha sido fabricado a partir de madera procedente
de bosques y plantaciones gestionadas con los más altos estándares ambientales, garantizando
una explotación de los recursos sostenible con el medio ambiente y beneficiosa para las personas.

Penguin
Random House
Grupo Editorial

Índice

Prólogo

Se vislumbran tiempos complejos para las relaciones de Estados Unidos con el mundo, con México, con Cuba, lo cual podría repercutir en nuevas interacciones –o tensiones– entre nuestros países como las que han abundado a lo largo de la historia.

Respecto de Cuba, el marco lo da el amistoso y trascendente encuentro entre los presidentes Raúl Castro y Barack Obama en La Habana en marzo de 2016; después la elección del presidente Donald Trump en noviembre de ese año, y culmina con el fallecimiento del Comandante Fidel Castro el 25 del mismo mes.

México no puede permanecer insensible ante el cambiante panorama que se abre para nuestros tres países unidos por un litoral común, un panorama que, por lo demás, involucra el futuro de todas las naciones del continente americano, como antes ha significado amargos desencuentros con los Estados Unidos. Hoy las circunstancias parecen exigir la construcción de pistas de acceso novedosas y eficaces no sólo entre los gobiernos, sino de manera fundamental, entre los grupos sociales y los pueblos de la región. El objetivo no es solamente, conviene enfatizarlo, restaurar antiguos puentes entre estos litorales o derribar muros para transitar hacia una realidad que se transforma, sino edificar otros vínculos, acordes con las exigencias de un mundo global en proceso de transformación.

Entre estos tres países hay, por un lado, una frontera terrestre que ha unido por décadas, de manera pacífica, productiva y complementaria, a la población de una vasta franja binacional entre México y Estados Unidos. Una frontera que ha sido puente, además, entre el norte y el sur de nuestro continente. Pero también es una frontera separada por una vía fluvial, vallas, alambradas y un muro que ahora se proyecta extender de este a oeste de la línea de nuestros dos países norteamericanos.

También hay litorales desde los que históricamente han cruzado cuantiosos flujos de personas y de bienes materiales y culturales entre nuestros países de tierra firme y la Isla mayor del Caribe. Aunque también, es cierto, se han erigido entre estos litorales otros muros en forma de peligrosos bloqueos militares, muros en forma de bloqueos comerciales y migratorios que han separado familias y afectado el acceso de generaciones a la justicia.

En esta perspectiva deben leerse los relatos y reflexiones que cruzan estas páginas. Ellos componen un triple testimonio: primero, de que las vías de comunicación entre el gobierno de Cuba y los de otros países de América se han mantenido abiertas y pueden incluso ampliarse; segundo, de la incontestable voluntad de diálogo y acuerdo entre diversos actores de la cultura y la vida intelectual de nuestra región; tercero, de que se mantienen vivas y en plena expansión las redes de amistad y apoyo que atraviesan la Isla y el continente.

Se trata, asimismo, de aportar ciertas claves necesarias para un reencuentro y para la construcción de nuevas formas de convivencia entre los Estados Unidos y Cuba, dos países ligados a México de manera profunda, en la historia y en el presente. Para avanzar en esa ruta, se hace indispensable delinear una breve relación histórica que tenga en cuenta las complejidades y los desencuentros del pasado, sin soslayar los retos de la actualidad y el futuro.

La vinculación conflictiva entre Cuba y los Estados Unidos se inició hace más de 100 años. Durante tres décadas, las últimas del siglo XIX, el pueblo cubano combatió de manera decidida por independizarse del dominio español. El poeta, político y pensador republicano José Martí encabezó la lucha, junto a patriotas irreductibles como Carlos Manuel de Céspedes, Máximo Gómez y Antonio Maceo, quienes integraron el gran ejército de esclavos y ex esclavos, negros y mulatos. No obstante, la intervención estadounidense de 1898 (motivada por la misteriosa explosión del acorazado *Maine* en la bahía de La Habana y la subsecuente guerra de los Estados Unidos contra España) dio pie a que la independencia cubana se definiera en circunstancias peculiares: durante el acto en el que se firmó el fin del dominio colonial, la bandera española se arrió tal y como exige el protocolo, pero en su lugar no se izó la de Cuba, sino la de los Estados Unidos. La presencia de este país en la Isla se mantuvo hasta 1902. Para conseguir el retiro de las tropas extranjeras, el Congreso cubano se vio obligado a aprobar la llamada Enmienda Platt, votada en el Congreso de Estados Unidos, la cual les otorgó a los estadounidenses el derecho a intervenir en los asuntos políticos y militares de Cuba y a mantener una base naval en Guantánamo. Treinta años de ocupación en la Isla dieron paso a un accidentado devenir de avances democráticos, regresiones autoritarias y golpes dictatoriales.

El primero de enero de 1959 una guerrilla de proporciones imprevistas comandada por un líder carismático, Fidel Castro, y por su hermano Raúl, logró derrocar al dictador Fulgencio Batista. Dwight D. Eisenhower era presidente de los Estados Unidos y Adolfo López Mateos encabezaba el gobierno de México.

La prensa y diversos círculos de opinión estadounidenses aplaudieron al pueblo cubano, que vitoreaba en las calles el triunfo del ejército rebelde. El 27 de febrero de ese mismo año Castro asumió el cargo de primer ministro de Cuba. Muy pronto, bajo el influjo adverso y polarizante de la Guerra Fría, menudearon los equívocos y los desencuentros entre la Isla y el gobierno de los Estados Unidos. Cuando John F. Kennedy llegó a la presidencia de ese país, se pasó de las tensiones a la confrontación. El conflicto alcanzó un punto álgido con la frustrada invasión de Bahía de Cochinos en 1961.

Los muros empezaron a construirse. Al año siguiente, en octubre de 1962, el propio presidente Kennedy y el primer ministro de la Unión de Repúblicas Socialistas Soviéticas, Nikita Jruschov, protagonizaron la llamada crisis de los misiles, que puso al mundo al borde de una tercera guerra mundial y del holocausto nuclear. Estos conflictos dieron lugar al bloqueo económico decretado por los Estados Unidos contra Cuba, muro aún vigente luego de más de 50 años y rigidizado drásticamente por la enmienda Helms-Burton durante el mandato del presidente Bill Clinton. Años después de finalizada la Guerra Fría, los presidentes Raúl Castro y Barack Obama protagonizaron el reinicio del diálogo gubernamental entre ambas naciones, ante la expectativa y el ánimo de los pueblos de Cuba y Estados Unidos. Mientras tanto, la migración de ciudadanos cubanos hacia las costas de Miami contribuyó al surgimiento de una pujante comunidad cubanoamericana en el estado de Florida. En Cuba, por otra parte, se fortaleció una sociedad con notables niveles de salud y educación, decidida a sostener con dignidad la soberanía de su patria.

Entre México y los Estados Unidos las relaciones no siempre han sido tersas. Vivieron su momento más conflictivo en

1847, el año en que nuestro país se vio obligado a ceder a los estadounidenses más de la mitad de su territorio, luego de una guerra que Ulises Grant registró en sus memorias como "una de las más injustas jamás emprendida por una nación poderosa en contra de otra más débil". Aquel despojo aún forma parte de la memoria colectiva de los mexicanos, mientras que en los Estados Unidos se suele emplear la expresión "la guerra olvidada" para aludir a la conflagración que le dio origen. ¿En qué circunstancias ocurrieron aquellos hechos lamentables? En mayo de 1846, al amparo de la doctrina del Destino Manifiesto, el Congreso estadounidense decidió declarar de manera oficial la guerra contra México. Se alegó la urgencia de resolver el diferendo entre ambos países por la anexión de Texas. Como secuela del conflicto, los Estados Unidos se apoderaron de los vastos territorios de California y Nuevo México (incluidos Arizona, Nevada, Utah y partes de Colorado) y de la posibilidad de acceder al Pacífico desde los puertos mexicanos.

Entre los generales estadounidenses que participaron en la invasión de nuestro territorio, dos compitieron más tarde por la presidencia de su país: uno la ganó (Zachary Taylor) y el otro salió derrotado (Winfield Scott). Asimismo, durante aquella incursión se formaron y curtieron algunos de los oficiales más destacados de la Guerra Civil de los Estados Unidos: Grant y Sherman por el norte, Lee y muchos otros por el sur. No obstante, la victoria sobre México también operó como un veneno para los estadounidenses, tal y como lo había pronosticado el notable pensador Ralph Waldo Emerson, ya que la discordia promovida por la política para instaurar la esclavitud en los territorios anexados detonó la desgastante y cruenta conflagración intestina entre el norte y el sur en la Guerra Civil.

Sin embargo, frente a estos periodos de discordancia las relaciones entre los gobiernos de uno y otro país han tenido momentos de indudable cordialidad e incluso afinidad. Destacan los episodios en que dos presidentes de filiación republicana, Lincoln y Juárez, dejaron ver sus profundas coincidencias. Pero el peso de los desencuentros, aunado a las desventajas derivadas de la convivencia entre dos países con realidades asimétricas, ha dejado una impronta persistente en nuestra memoria colectiva. En el siglo XIX un presidente mexicano pronunció una frase memorable, cargada de recelo y de ironía: "Entre México y los Estados Unidos es mejor el desierto que construir el ferrocarril". Años después, Porfirio Díaz acuñó esta máxima lapidaria: "Pobre México, tan lejos de Dios y tan cerca de los Estados Unidos". Otro momento desafortunado para nuestras relaciones ocurrió en 1913, cuando el embajador de los Estados Unidos en México participó en la conspiración para asesinar al presidente Madero. En 1914, apenas un año después, los Estados Unidos invadieron Veracruz (donde participó Douglas MacArthur). Dos años más tarde tuvo lugar la expedición punitiva enviada por el gobierno estadounidense contra Pancho Villa, en la que participaron dos militares que más tarde destacarían en la Primera y en la Segunda Guerra Mundiales: Pershing y Patton.

La relación volvió a mostrar un signo constructivo cuando Franklin D. Roosevelt puso en marcha la política del Buen Vecino y el gobierno estadounidense asumió de manera respetuosa la expropiación del petróleo mexicano. No obstante, volvió a tensarse a principios de los años sesenta, cuando el presidente Adolfo López Mateos se negó a romper relaciones con Cuba y no se sumó al voto para expulsar a este país de la Organización de Estados Americanos (OEA).

14

Al inicio de los años noventa las relaciones entre México y Estados Unidos alcanzaron un destacado nivel de cooperación. Primero con el presidente George H.W. Bush, en especial durante las negociaciones para la firma del Tratado de Libre Comercio de América del Norte (TLCAN); más tarde con el presidente Clinton, de manera señalada durante el proceso de ratificación de este mismo tratado comercial. La relación, sin embargo, volvió a ingresar en terrenos nebulosos a partir de la crisis económica mexicana de 1995. Fue el año en que se inició entre nosotros la implantación de una política neoliberal y la entrega del sistema de pagos nacional a la banca extranjera. La política exterior mexicana experimentó un giro drástico; en particular, se multiplicaron las posiciones diplomáticas adversas a los intereses de Cuba.

En el arranque del siglo XXI las relaciones se han complicado, sobre todo a causa del proyecto, ya varios años en ejecución, de construir un enorme muro fronterizo con nuestro país, que no haría sino aislar de manera abrupta a la comunidad México estadounidense y a los migrantes de nuestra nación. En México, por lo demás, existe el más nutrido grupo de ciudadanos estadounidenses radicados fuera de su país. Su presencia ha sido de lo más provechosa. El trato con ellos, relacionado de manera señalada con operaciones económicas, políticas y diplomáticas, se ha nutrido también de numerosos y constantes intercambios artísticos, educativos y tecnológicos. ¿Cómo explicar hoy el carácter de nuestras respectivas culturas sin esta cotidiana y necesaria interrelación?

La relación entre Cuba y México tiene casi 500 años. Si la geografía nos hizo vecinos, la historia volvió ineludible el trato permanente. Estamos vinculados por necesidad y por vocación. Muchos acontecimientos trascendentes para nuestro país han tenido que ver con Cuba. La historia cubana también ha registrado momentos fundadores estrechamente ligados a México. Por razones obvias de carácter geopolítico, la soberanía de México mantiene una estrecha relación con la soberanía cubana. Perder de vista este hecho esencial, pensar que las relaciones entre México y Cuba responden sólo a motivos políticos internos, sería cometer un error de consecuencias nocivas para nuestras naciones. El apoyo que México ha sabido otorgarle a Cuba en su lucha por mantener la soberanía rebasa el tema de las posiciones políticas domésticas y se ubica en el contexto de la batalla a favor de nuestra propia autonomía. A partir de 1995, al ignorar este punto de vista histórico, la diplomacia mexicana puso en gran riesgo al país.

Dedicado a mostrar la complejidad de las relaciones entre nuestros países a través de circunstancias concretas y de un recuento histórico muy puntual, este trabajo se divide en tres capítulos. El primero intenta colocar en perspectiva histórica la relación entre México y Cuba. Se trata de un ensayo inédito escrito por John Womack Jr. y que en su momento entregué al Comandante Fidel Castro. Historiador brillante, profundo conocedor de la historia de América Latina y el Caribe, Womack impartió durante muchos años un par de cursos en la Universidad de Harvard, dedicados a la historia de México y Cuba y otro más sobre América Latina. Esta parte continua con el entrelazamiento estructural de los intereses nacionales y el nuevo contexto internacional que significó la caída del Muro de Berlín en 1989 y la desaparición de la Unión Soviética en 1991. El relato incluye la relación entre México y Cuba a partir de 1988 hasta la visita que realicé a la Isla en 1994.

El segundo capítulo relata los pormenores de un diálogo entre Bill Clinton y Fidel Castro, terciado por el autor de estas páginas. Para llevar a cabo la crónica de aquel intercambio forzado por la crisis de los balseros en agosto de 1994, echo mano de algunos materiales publicados en otro libro de mi autoría, *México, un paso difícil a la modernidad*, así como de diversos datos y documentos hasta ahora inéditos.

El tercer capítulo narra el drama que en 2003 vivió una mujer estadounidense en busca de sus hijos, secuestrados y retenidos de manera clandestina en Cuba. La determinación de esa madre y la justicia de su reclamo no hubieran hallado el complemento indispensable sin la determinación del presidente Fidel Castro de ubicar, rescatar y entregar a los niños. Este recuento actualiza y enriquece otro texto publicado originalmente en el diario mexicano *Reforma* y en el periódico español *El País*.

A manera de epílogo, la Coda incluye el relato de la ceremonia celebrada en la Plaza de la Revolución de La Habana, en noviembre de 2016, con motivo del acto luctuoso del gobierno y pueblo de Cuba por el fallecimiento de Fidel Castro a los 90 años.

Es justo mencionar que Carmen Balcells tuvo la idea de recuperar, actualizar y enriquecer estos testimonios y reflexiones, con la esperanza de que, con su difusión, en algo contribuyeran al afán de construir más puentes y de dejar atrás todo tipo de muros en nuestras fronteras y nuestros litorales, en particular, para seguir abonando en el reencuentro de los Estados Unidos y Cuba, con respeto a la soberanía de ambos países y a la dignidad de sus pueblos. Esa iniciativa se materializa ahora en esta publicación con los auspicios de la Agencia Literaria que lleva su nombre, bajo la dirección de Lluís Miquel Palomares.

Enero de 2017

CAPÍTULO 1

México y Cuba:
historia de una estrecha relación

El 18 de octubre de 1994 le envié a Fidel Castro un amplio ensayo sobre la relación entre México y Cuba. Mi propósito era confirmar, como le escribí en la nota que acompañaba el documento, que la independencia y la soberanía de cada una de nuestras naciones le atañen de manera inevitable y directa a la otra. "Algunos momentos decisivos en la vida de los cubanos se iniciaron en México —añadí—, mientras que varios sucesos trascendentes para la historia mexicana germinaron en Cuba." Aquel recuento arranca con la Colonia y llega hasta nuestros días. Es un recordatorio de los sólidos términos de nuestra relación, al tiempo que advierte, con cierto sentido de anticipación y acaso de manera premonitoria, sobre los riesgos de modificarlos.

A partir de 1995 y por 18 años, la política exterior de México respecto a Cuba olvidó esta lección, en buena parte por ignorancia de la historia, en cierta medida a causa de una idea errónea de la forma en que México debe asumir sus responsabilidades con los Estados Unidos. Hasta 2012, en los lustros previos, la diplomacia mexicana dio señales, antes impensables, de una torpe inclinación a intervenir en los asuntos internos de Cuba. Esas señales recuerdan las medidas contrarias a la soberanía de la Isla que hacia 1836 intentó ejercer el gobierno monárquico y conservador de México, en contubernio con la potencia imperial de aquel entonces. Este cambio de actitud no sólo es un error: representa una traición al sentido de respeto que siempre definió el carácter de nuestras relaciones.

Aquel trabajo que envié a Castro había sido preparado por el historiador John Womack Jr. Modifiqué la versión original, con el propósito de introducir ciertos matices en el texto que aquí se reproduce. Por lo general, al pensar en México y Cuba se parte de ciertos paralelismos evidentes: dos países soberanos, próximos en el mapa, sin fronteras comunes pero vecinos, cuyas relaciones han sido siempre de amistad. Y sin duda, en sus términos y límites propios, esta descripción responde a la realidad. Pero aún preciso agregar que se trata de dos naciones cuyas similitudes se han fraguado de manera simultánea, a través de un contacto permanente y muy próximo. Se tiende, por lo general, a visualizar por separado la historia y la actualidad de los dos países: como si la historia y la actualidad, los intereses y la percepción de los intereses de México existieran al margen de la historia, la actualidad, los intereses y la percepción de los intereses de Cuba. Existe la predisposición a pensar que esas relaciones se han dado y se preservan entre dos entidades nacionales aisladas, sin otra cosa en común que sus vínculos de amistad y ciertas características más o menos generales y epidérmicas.

Pero la afinidad entre México y Cuba hay que analizarla bajo lentes más sofisticados, que permitan observar en detalle la compleja, entrelazada realidad de ambos países. Una realidad, por lo demás, que no cesa de exhibir cambios profundos: de los intereses de México y la percepción de esos intereses; de los intereses de Cuba y la percepción de esos intereses. Una mirada así permite comprender el carácter indisoluble de nuestras relaciones, a pesar de mudanzas ideológicas y de formas de gobierno, incluso de las que pudieran surgir de los vuelcos de opinión del mandatario en turno o de algún partido político dominante. Todo enfoque sobre el tema, para ser de verdad certero, debe superar las interpretaciones reduccionistas. Si a lo largo de la historia no han dejado de presentarse circunstancias que pudieron modificar estos términos, ¿por qué no ocurrió, aun bajo las presiones más intensas? Durante el siglo XX ambos países sufrieron transformaciones de fondo. ¿Por qué esas modificaciones no desembocaron en algún tipo de distanciamiento, incluso en algún desencuentro mayor? En conclusión, la secular historia de amistad entre México y Cuba ha probado estar por encima de cuestiones coyunturales. Ha demostrado, asimismo, tener la fuerza necesaria para sobreponerse a ciertas vicisitudes relacionadas con las relaciones formales y políticas entre dos Estados. Conviene poner especial atención, para ahondar en el tema, en lo mucho que ha sucedido entre ambas naciones en numerosas y diversas esferas ajenas a los ámbitos estrictamente político y diplomático.

Contra lo que pretende toda descripción meramente formalista, no es una sola la relación entre México y Cuba. Es, si se observa con detenimiento y a profundidad, muchas relaciones, duraderas y disímiles. Se trata de coincidencias en todos los terrenos: la cultura, la lucha por la soberanía, los retos ante la pobreza, las luchas contra los imperios. Este último factor es de la mayor importancia. De hecho, no es nada extraño que en países como los nuestros, vinculados también por circunstancias geopolíticas, cercanos ambos a "un vecino pujante y poderoso", como le llamó Martí, los lazos "informales" hayan tenido una influencia tan determinante. Son estas variables las que han forjado la pasta de cohesión que nos mantiene unidos. La imposibilidad de separarnos no deriva sólo de tradiciones compartidas, no está sujeta a incidentes políticos ni a contingencias de ninguna especie: es resultado de condiciones objetivas e irrevocables, de un trayecto y un destino compartidos.

1517: el origen de una relación

Consideremos algunos momentos destacados de esta historia común. De Cuba llegaron a territorio mexicano con fines de reconocimiento los primeros conquistadores españoles, Francisco Hernández de Córdoba en 1517 y Juan de Grijalva en 1518, por órdenes del gobernador de la Isla, Diego de Velázquez. De territorio cubano también, de Santiago de Cuba para ser más precisos, partió Hernán Cortés en 1519, tras apoderarse de la flota expedicionaria de Velázquez, a fundar la primera villa española en Veracruz, y más tarde a derrotar al imperio de Moctezuma y consumar la conquista de la Nueva España. Desde Cuba nuevamente viajó Pánfilo de Narváez en 1520, con la misión, a la postre fallida, de remover a Cortés y reponer la autoridad de Velázquez.

Más tarde, la intensa actividad minera desarrollada por los colonizadores en lo que hoy es territorio mexicano, en especial la extracción de plata, abrió las puertas para que Cuba se convirtiera, a partir de 1550, en un puerto estratégico de enorme relevancia para la Corona. Desde entonces, cada navío mercantil o de guerra que navegaba de Sevilla a Veracuz y de regreso, debía pasar por La Habana. De ahí la cercanía y continuidad del trato entre comerciantes, militares y burócratas de México y Cuba. Desde que los corsarios franceses e ingleses comenzaron a medrar en mares y ciudades del Caribe y el Golfo, todo lo que ocurría en Cuba era motivo de interés en México.

Desde territorio mexicano y de parte del virrey de la Nueva España llegaron a Cuba "los situados", monedas de oro con las que el virreinato se ocupó de contribuir a la adecuada defensa de Cuba. Con este dinero se pagó una buena parte de la obra naval en La Habana, al tiempo que se sufragaron los salarios del ingeniero militar y los artilleros en tiempos del gobernador Diego de Mazariegos (entre 1550 y 1560, aproximadamente). Por esos años partieron desde puertos mexicanos diversas expediciones a la Florida, de las que se derivó un intenso flujo comercial hacia La Habana. Hacia 1570 y durante toda esa década, en tiempos del gobernador de Cuba Menéndez de Avilés, desde México se envió una importante contribución en pesos de oro para la defensa de la Isla. De México salieron cien criollos ("soldados experimentados", dice la crónica) como refuerzos para enfrentar a los corsarios en los años ochenta del siglo XVI. Contra la amenaza del corsario Drake en 1586, el virrey de México mandó a La Habana víveres, municiones y trescientos soldados con salarios cubiertos por un periodo de ocho meses. Con maderas de cedro y caoba trasladadas desde los cerros de Petapa y Tarifa se edificaron muchas residencias en el istmo de Tehuantepec durante el siglo XVII.

Como se puede constatar, y como bien apunta el historiador cubano José Luciano Franco, La Habana se transformó por mucho tiempo en el puerto militar por excelencia del reino de la Nueva España (integrado en gran medida por el territorio que hoy conforma la República mexicana). México, a su vez, se convirtió en el pagador militar de Cuba. Esta relación, desde entonces, era ya mucho más que el trato circunstancial entre dos colonias bajo el control de una misma Corona: implicaba intereses mutuos de importancia vital para ambas partes, así como un intercambio constante y próximo, no sólo entre gobernantes sino ante todo entre las miles de personas que transitaban de un territorio a otro de manera intensa y continua.

Una relación sin interrupciones durante el siglo XVII

La historia no documenta de manera suficiente los términos de las relaciones entre México y Cuba a lo largo del siglo XVII. No obstante, se sabe a ciencia cierta que, dada la intensa actividad predadora de los bucaneros y filibusteros franceses, ingleses y holandeses, para los comerciantes mexicanos las noticias de lo que ocurría en La Habana conservaban una importancia medular. Desde México, por la misma razón, aún se consignaba el pago del "situado", aporte indispensable para la consolidación y acrecentamiento de las fortalezas de la Isla.

Según se puede inferir, la operación de flotas procedentes de la Nueva España tenía un significado especial para la vida económica de Cuba, no sólo en La Habana y entre gobernantes y comerciantes: también para los hatos y corrales que en toda la isla comenzaban a medirse y delimitarse, así como para las nuevas vegas y los recientes ingenios, dada la creciente demanda de personas para las actividades marinas. Y aunque la flota de 1628 se perdió como consecuencia de un ataque corsario contratado por comerciantes de Amsterdam, otras solían hacer escalas en La Habana por periodos largos. De igual forma, las flotas originarias de España pasaban también por las costas habaneras para luego proseguir su viaje hacia Veracruz y otros puertos del continente. Es posible que con el avance de las investigaciones historiográficas, algún día se obtengan noticias más puntuales acerca de aquellos intercambios, sin duda comunes en la época.

Hay razones también para creer que la travesía de La Salle por la boca del Mississippi en 1682, y el ulterior reclamo que el francés hizo para su país de aquellas riberas, no pasaron desapercibidos para cientos de comerciantes, funcionarios y militares de Madrid, México, Veracruz y La Habana, todos ellos con intereses distintos pero importantes que salvaguardar. De las consecuencias que tuvieron para México y Cuba la presencia de una nueva fuerza terrestre, el conocimiento de un acceso diferente al Golfo y el hallazgo de una nueva entrada tierra adentro, tampoco se sabe gran cosa. Pero no es aventurado colegir que si los comerciantes de entonces no eran muy distintos a los de hoy, los de Veracruz y La Habana deben haberse unido para estar al tanto de las nuevas oportunidades de hacer negocios, así como de los peligros inéditos que la nueva circunstancia acarreaba.

El siglo XVIII y la importancia de Cuba para la Nueva España

Desde que en España se impuso la dinastía real de los Borbones, los nuevos movimientos militares, políticos, administrativos y comerciales propiciaron una reciprocidad cada vez más compleja entre México y Cuba. La notable intensificación del comercio y la guerra en el siglo XVIII provocó que la isla pasara a ser una especie de provincia invisible de la Nueva España, indispensable para su existencia como virreinato subordinado a la Corona. En consecuencia, la Nueva España misma adquirió la rara condición de "interior remoto" de Cuba. Para la isla, entonces, las relaciones con el gobierno y el comercio novohispanos se hicieron también indispensables (aunque no suficientes) para su existencia como capitanía general española. Un dato notable refleja de manera elocuente la fuerza de esta cerrada interdependencia: desde mediados del siglo XVIII hasta la guerra de Independencia de México, por lo menos cinco virreyes de la Nueva España se ocuparon antes en Cuba como servidores cercanos al rey: Juan Francisco Güemes y Horcasitas, primer conde de Revillagigedo, capitán general de Cuba de 1734 a 1746, virrey de la Nueva España de 1746 a 1755; Francisco Cajigal de la Vega, gobernador de Santiago de Cuba, capitán general de Cuba de 1747 a 1760, virrey de la Nueva España en 1760; Antonio Ma. Bucareli, capitán general de Cuba de 1766 a 1771, virrey de la Nueva España de 1771 a 1779; Bernardo de Gálvez, capitán general de Cuba en 1784, virrey de la Nueva España de 1785 a 1787; y Juan Ruiz de Apodaca, capitán general de Cuba de 1812 a 1816, virrey de la Nueva España de 1816 a 1821. Esto sin considerar al hijo del primer Revillagigedo, Juan Vicente Güemes Pacheco de Padilla, segundo Conde de Revillagigedo, nacido en La Habana, militar de carrera, también virrey de la Nueva España de 1789 a 1794. Vale la pena anotar que los dos Revillagigedo y Bucareli fueron los virreyes más eficientes de aquel siglo, en tanto que el segundo Revillagigedo es reconocido por los historiadores como el más honesto que jamás tuvo la Nueva España.

Para entonces era ya imposible tramitar asuntos de verdadera relevancia sin tener que hacerlo en ambos países. Esto lo supo bien el encargado de negocios de España en los Estados Unidos, Diego de Gardoqui, quien tras la consumación de la independencia estadounidense se vio obligado a recurrir al virrey de México y al capitán general de Cuba para solventar toda gestión política o administrativa. Las crónicas de estos tinglados son familiares para los lectores cubanos interesados en la historia nacional. El mejor estudio sobre el tema es de su compatriota J. L. Franco.

Vale la pena comentar aquí el profundo interés con el que México y Cuba se involucraron en todos los asuntos relacionados con las Floridas y Luisiana, tan trascendentes para ambos países en aquellos años. De hecho, no es posible entender la influencia que los acontecimientos en esos territorios tuvieron sobre toda la región, sin completar el escrutinio de los documentos de España y Cuba con un profundo trabajo de investigación en los archivos mexicanos de la época.

El tránsito del siglo XVIII al XIX: la interrelación se torna más compleja

Las relaciones se volvieron aún más intrincadas en el periodo que va entre 1790 y 1830, años de grandes convulsiones: la Revolución francesa, los levantamientos independentistas en Haití, las luchas nacionales y las guerras napoleónicas en Europa y las guerras por la independencia en toda América Latina. Revisar en detalle cualquiera de los momentos cruciales de estas conflagraciones, por ejemplo las estrategias determinantes del general Francisco Javier Mina durante la insurrección libertaria en México, no sólo demandan la revisión minuciosa de seis o siete archivos nacionales sino que, como lo saben bien los lectores del historiador Franco, son imposibles de resumir en unas pocas páginas. ¿Cómo hacer la crónica en unas cuantas líneas de tantas negociaciones, tanta ingratitud, tanto heroísmo, tanta codicia, tanta traición? Baste decir, en términos muy generales, que los líderes republicanos que encabezaron en México la lucha por la independencia y los que condujeron los levantamientos independentistas de Cuba, eran y se sabían inevitablemente aliados en una guerra común. De la misma forma, los mexicanos que siempre se opusieron a esas luchas eran necesariamente cómplices de los cubanos que reprimieron a Alponte y a otros dirigentes... Y también lo sabían.

Los lazos eran evidentes, como también lo era que tenían un trasfondo estratégico. Desde esta perspectiva, no parece fundada la opinión del sabio cubano Ramiro Guerra y Sánchez, para quien los mexicanos se empeñaban en fomentar insurrecciones en Cuba durante la segunda década del siglo XIX sólo para distraer a España. De acuerdo con Guerra y Sánchez, en 1836 México habría suscrito con los españoles un tratado secreto, en el que éstos reconocían la independencia de nuestro país a cambio de que las autoridades mexicanas inhibieran cualquier movimiento que buscara promover, desde nuestro territorio, la independencia de "los dominios españoles", con la inclusión de Cuba, claro está. Puede señalarse que el historiador juzga de forma equívoca el origen de las inconsistencias de México respecto a Cuba. Para él, éstas obedecían a un mero afán de los mexicanos de preservar los intereses nacionales, con indiferencia hacia las necesidades de la Isla. Pero tales inconsistencias, que sin duda existieron, no eran sino la expresión de las contradicciones entre distintos bandos que en nuestro país pretendían el poder. Por una parte, los republicanos federalistas y protoliberales (derrotados políticamente hacia 1836), decididos a contribuir en todo el continente a la emancipación del domino español y, por lo tanto, determinados a apoyar el liberalismo cubano. Por la otra, los republicanos centralistas, monárquicos enmascarados, protoconservadores, que buscaban alianzas con la aristocracia.

Juárez y los republicanos: sus relaciones con Cuba

A partir de un análisis más reflexivo que el realizado por Guerra y Sánchez, se encuentra que, como se acaba de esbozar líneas arriba, México sí apoyó las insurrecciones en Cuba durante los años veinte del siglo XIX, y que lo hizo a través de los republicanos federalistas y protoliberales que representaban una parte de las distintas tendencias ideológicas del país. No obstante, también es cierto que la corriente representada por los centralistas y protoconservadores mexicanos firmó el ya mencionado acuerdo secreto con España en 1836. Estas tensiones que habitaban la política mexicana de la época se resolvieron más tarde, en 1867, gracias al triunfo de la causa republicana encabezada por Juárez y otros grandes liberales de su generación. Los cubanos del mismo signo ideológico reconocieron en ese triunfo una oportunidad para planear un nuevo levantamiento, que desembocó en el llamado Grito de Yara, en 1868. Acertaron los republicanos de Cuba al buscar y encontrar apoyo en el México que emergió tras las luchas juaristas. La prueba es que a partir de 1868 la República de Juárez los apoyó en su abierta beligerancia contra España.

Desde entonces las relaciones entre ambos países han estado signadas por una plena coincidencia en los ideales y prácticas republicanos. Muchos cubanos liberales y partidarios de la fundación de una república encontraron asilo en México en los momentos más complicados de su lucha. Baste recordar la afectuosa acogida y las señales de respeto que México le brindó a José Martí desde el inicio de su admirable gesta a favor de la libertad de la nación cubana.

El interés del pueblo y el gobierno de México en la plena liberación de Cuba se mantuvo firme. Desde luego, el gobierno mexicano sustentó relaciones de respeto con España, aunque se dieron pocos acuerdos diplomáticos entre México y España en las décadas de 1870 y 1880. La presencia cada vez más influyente de nuestro pujante vecino del norte en la década de los noventa, orilló al gobierno mexicano a ser más y más cauteloso a la hora de establecer los términos que debían tutelar las relaciones diplomáticas con Cuba.

1898: el papel de los Estados Unidos

Poco a poco la cautela oficial se transformó en parálisis. En 1895, cuando los cubanos republicanos reemprendieron la lucha por la independencia, el gobierno mexicano fijó su postura, no exenta de pragmatismo: el mejor escenario, el surgimiento de una Cuba libre; pero ante la inminencia de que la liberación no se concretara, mejor el dominio español que el de los Estados Unidos. En un nuevo descarte, no faltaron los partidarios de una idea absurda: si España no pudiera o no quisiera sostener el control político de la Isla, la mejor salida estaba en que Cuba se incorporara a México. El rumor de esta rara ambición hace pensar en la inteligencia visionaria de Martí, quien en una carta dirigida a su viejo amigo mexicano, Manuel Mercado, lanzó esta pregunta memorable: "Y México, ¿no hallará modo sagaz, efectivo e inmediato, de auxiliar a tiempo a quien lo defiende?" Aquella misiva, por cierto, fue la última escrita por el prócer cubano. Hay buenas razones para creer que si Martí hubiera vivido lo suficiente, habría sabido convencer al México oficial de aquellos y estos días de que un país se protege a sí mismo al resguardar a quien ha dado pruebas de lealtad a la hora de defenderlo.

Pero por encima de los intereses del gobierno y de muchos poderosos del momento, las relaciones del pueblo de México con el cubano se mantuvieron tan republicanas y fraternales como en la época de Juárez. En 1898, concluida la guerra de Cuba contra el ejército colonial español, México mandó a la Isla a su primer enviado formal. El gobierno mexicano, por lo demás, nunca vio con buenos ojos las condiciones impuestas a la República de Cuba a través de la enmienda Platt, ni las iniciativas de intervención estadounidense, que no dejaban de resultar amenazantes para la soberanía de México. No eran temores infundados, como lo vino a probar el intento, en 1903, de establecer en Bahía Magdalena, Baja California, una base similar a la de Guantánamo.

1910: la Revolución mexicana y los lazos con Cuba

La historia de la Revolución mexicana registra algunos episodios significativos de la relación México-Cuba. Muchos de ellos aún aguardan que algún especialista escrupuloso los sistematice y ponga en contexto. A partir de 1911 el número de mexicanos exiliados en Cuba creció de manera consistente. Los hubo de todo cuño y de todos los bandos involucrados en aquella guerra intestina. Muchos de ellos hicieron política desde La Habana, lo mismo a favor que en contra de la Revolución. Sus acciones, en varios casos, repercutieron de manera significativa en el desarrollo de la conflagración civil. Los cubanos republicanos, por su parte, supieron mostrar apoyo y simpatía a sus camaradas mexicanos, no sólo porque compartían con ellos intereses comunes, sino como una muestra de gratitud por la ayuda que antes recibieron de México. Un momento culminante ocurrió en 1913, cuando el embajador de Cuba en México, Manuel Márquez Sterling, se pronunció a favor del gobierno del presidente Madero y contra el complot organizado por algunos de sus colaboradores, con la complicidad del embajador de los Estados Unidos en México.

La vinculación entre Cuba y México llega hasta las raíces mismas de la Revolución mexicana; Womack ha planteado que la cuestión cubana invita a reflexionar sobre este proceso histórico en nuestro país. Vale la pena investigar, señala, si indirectamente, sea por los medios de la época o por lo que se escuchaba en los lugares de la vida cotidiana (mercados y ferias, por ejemplo), el nombre del Ejército Libertador Cubano (ELC) influyó de alguna manera en la mentalidad de los militantes surianos y en el Ejército Libertador del Sur (ELS) de Zapata.

El ELC, formado por esclavos y ex esclavos, con muchos jefes y oficiales blancos, se disolvió en 1899 a causa de la intervención militar de Estados Unidos en Cuba. En 1908 veteranos de ese Ejército Libertador fundaron un Partido Independiente de Color, pero en 1912 el gobierno impuesto por Estados Unidos los reprimió. Lo anterior condujo a una masacre de veteranos y civiles cubanos, la mayoría negra y mulata. Con la intención de azuzar, la prensa estadounidense señaló que el levantamiento en Cuba "era un mal ejemplo para la población negra del sur de Estados Unidos".

Por lo parecido de los nombres, ELC y ELS, precisamente en ese periodo, es que se podría pensar que los jefes surianos tuvieron al Ejército Libertador Cubano en mente cuando designaron a su propio Ejército Libertador del Sur. Esto requiere una investigación detallada que nos permita responder a la pregunta de por qué el ejército de Zapata tomó el nombre de Libertador y no de Morelense o Agrarista.

La cuestión histórica entonces es cuánta influencia tuvo el ejemplo cubano sobre los mexicanos rebeldes a lo largo del territorio nacional entre 1910 y 1911. Dado que la masa de la fuerza en el ELC era negra o mulata, quizás resultaba un ejemplo atractivo entre los mexicanos surianos de tierra caliente.

La rebeldía de los surianos siempre fue mayor en su extensión y amplitud en los distritos azucareros, desde los "pintos" de Juan Álvarez hasta la rebelión incontenible de 1911. Womack considera que la cultura de esos distritos, que los llevaba a ampliar sus acciones, no es explicable sin el factor expansivo de los trabajadores y la gente libre del localismo pueblerino. Sin duda, la rebeldía de pueblos con raíces indígenas era importante, en gran parte contra las haciendas que los explotaban o amenazaban.

Así, señala Womack, la cuestión a investigar es esa capacidad de la rebelión. La revolución "zapatista" tenía una capacidad expansiva muy fuerte, conformada por revolucionarios que pensaban más allá de su propio pueblo, capaces y listos para pelear por una causa mucho más amplia. La pregunta es cómo se explica que esa gente crecía en los pueblos. Womack propone que podría ser un efecto de largo plazo de la esclavitud en dichas regiones (prohibida desde la Constitución de 1824), ya que la causa venía de las zonas fundamentalmente azucareras.

Se trata ya no del color ni de la raza, sino de tendencias y herencias familiares de desafío y libertad. Y algo que resulta esencial: con visión abierta y amplia sobre el mundo, visión que típicamente no venía de familias arraigadas en el localismo, sino de familias experimentadas en luchas mucho más generales.

La propuesta de Womack es que esas familias, aún tres generaciones después de la esclavitud, llevaban el corazón del emancipado, capaz de luchar por la justica para todos, de ver una gran causa y luchar dentro y fuera del pueblo por ella. Estando tan lejos, pero tan cerca de la esclavitud (que para entonces pocos iban a recordar), se trataba de una capacidad cuyos efectos todavía eran críticos.

Más que el liderazgo de un calpuleque local, en la revolución en Morelos estaríamos ante la rebeldía de gente cuya independencia los hacía ajenos a la limitación impuesta por los pueblos con su ámbito cerrado. Eso explicaría también por qué el Plan de Ayala no fue local, sino que desde el principio se concibió en términos nacionales.

Es una cuestión que enfatiza la diferencia entre el enfoque antropológico, el indigenismo, el localismo, y el enfoque sociológico, el de las relaciones amplias entre las personas que no se conocen, pero se entienden y pueden actuar juntas, colectivamente. Así se llega a la historia social, considera Womack.

Finalmente, se ha señalado que diversos medios en Estados Unidos promovieron la guerra entre España y Cuba en 1898 y la intervención estadounidense en la Isla en 1906, por medio de lo que se ha denominado "amarillismo" periodístico. El ejemplo más famoso es el supuesto telegrama del artista de la cadena Hearst donde informaba que todo estaba tranquilo en Cuba y que por ello "no habrá guerra", ante lo cual W. Randolph Hearst habría supuestamente respondido: "Usted mande las imágenes y yo me encargo de que haya guerra".

La forma sensacionalista en que los medios de los Estados Unidos reportaban las condiciones en Cuba —con fundamentos reales como la política de campos de concentración que promovió el general español Valeriano Weyler— fue un apoyo primordial en la opinión pública para los propósitos de guerra del presidente William McKinley. La derrota española en la guerra subsecuente significó el dominio efectivo de Estados Unidos sobre Cuba, así como la cesión de Puerto Rico y Filipinas por parte de España.

Por cierto, quien reportó el supuesto telegrama de Hearst fue otro periodista, James Creelman, quien realizó en 1908 la famosa entrevista con Porfirio Díaz, donde éste declaró que no pretendía postularse a otra reelección en la inminente sucesión presidencial. Esto despertó enormes divisiones políticas en el grupo gobernante, cuyos miembros convirtieron un problema sucesorio en una crisis política nacional, antecedente de la Revolución mexicana.

Womack concluye que los cubanos parecieran entender mejor qué tanto dependen entre sí ambas naciones; por eso tal vez convendría recordarles a los mexicanos el gran interés de ellos mismos en la independencia de Cuba: si una independencia aumenta, la otra se fortalece; y si una pierde, la otra más.

No faltan evidencias de asuntos trascendentes para la vida política de Cuba que se operaron desde México, sobre todo a través de los exiliados cubanos que radicaron en nuestro país durante los años veinte del siglo pasado. El más público y dramático: el caso de Julio Antonio Mella, cofundador del Partido Comunista Cubano y fundador, desde México, de la Asociación de Nuevos Emigrados Revolucionarios Cubanos. Mella, asesinado en 1929 en la Ciudad de México, donde vivió varios años, fue un opositor muy activo del presidente cubano Gerardo Machado. Sin duda, muchos otros casos aún no registrados en los libros de historia ocurrieron durante la dictadura del mismo Machado.

Otro gesto solidario que hermanó de manera decisiva a los dos países fue el apoyo de sus pueblos a la Guerra Civil española. A diferencia de los Estados Unidos, nuestro vecino común, y a pesar de que tanto Cuba como México se vieron seriamente afectados por la crisis económica de aquella época, ambas naciones abrieron sus puertas a los exiliados de la vencida República de España.

Entrelazamiento estructural de intereses nacionales

Hasta aquí el recuento apoyado en el trabajo de Womack. En años más recientes, la historia compartida y por momentos común entre México y Cuba encierra momentos decisivos: la partida desde la costa mexicana del *Granma* en noviembre de 1956, con Fidel y Raúl Castro, Ernesto "Che" Guevara y Camilo Cienfuegos, entre otros, el interés mostrado desde México por los avances de la Revolución cubana, así como la defensa firme y sostenida de la soberanía de la Isla por parte del pueblo y el gobierno de México. Fue 1995, como ya se dijo, el año en que el nuevo régimen de nuestro país rompió por más de tres lustros con los principios seculares que rigieron esta relación y se internó en un periodo de ruptura con uno de los fundamentos esenciales de la tradición diplomática de México: la no intervención en los asuntos internos de otros países.

Como sea, este repaso histórico nos permite constatar que las relaciones entre la nación mexicana y la cubana no se fundan tan sólo en acuerdos administrativos y diplomáticos, que como se sabe suelen variar en función de los tiempos y las circunstancias. Por el contrario, están hechas de una fuerte trama estructural, es decir, del entreveramiento de los intereses nacionales de México y Cuba. Como se sabe, a partir de 1989 el orden político internacional cambió de manera dramática, lo que provocó, a su vez, una recomposición del contexto interno de nuestras naciones. Antes que acarrear un divorcio de aspiraciones y necesidades entre México y la gran Isla de las Antillas, estos cambios trajeron consigo la consolidación de nuestros ideales compartidos y nuestros lazos históricos.

El nuevo contexto internacional

El 9 de noviembre de 1989 cayó el muro de Berlín. A los pocos días, el 2 y 3 de diciembre, se reunieron el presidente de los Estados Unidos, George H. W. Bush, y el de la URSS, Mijaíl Gorbachov, en la llamada Cumbre de Malta, al término de la cual ambos mandatarios proclamaron de manera oficial el fin de las tensiones que marcaron la Guerra Fría. En el ámbito latinoamericano, ese mismo mes, el día 14, el pueblo chileno acudió a las urnas para elegir a un nuevo presidente. El triunfador de aquellos comicios, los primeros de carácter democrático en 20 años, fue el jurista democristiano Patricio Aylwin. Una semana después, entre el 20 y 26 de diciembre, los Estados Unidos intervinieron militarmente en Panamá.

Para México estos cambios, que colocaron a los Estados Unidos en solitario como el más grande y en cierta forma el único poder militar del mundo, representaron la necesidad de reconfigurar los términos de sus relaciones con el resto del mundo. De manera simultánea, la globalización de la economía irrumpió con enorme fuerza, en tanto que el reclamo popular por la democracia y la justicia social adquirió carácter de exigencia universal.

La Unión Soviética se disolvió el 31 de diciembre de 1991. Este hecho de enorme trascendencia en la historia contemporánea provocó que Cuba perdiera de manera abrupta varias ventajas económicas: antes de su desaparición, la Unión Soviética le compraba a Cuba el azúcar a precios por encima del mercado, al tiempo que le vendía petróleo a precio subsidiado; además, si Cuba lograba reducir su consumo interno del hidrocarburo, podía reexportar los excedentes a otros países compradores y así obtener un ingreso extra. Por si fuera poco, también cesó para Cuba el intercambio comercial de otros productos, lo mismo con diversos países de la recién reestructurada Europa del Este, que con la ya extinta Unión Soviética.

Como consecuencia, el PIB de Cuba se desplomó entre 34% y 50% en el periodo 1991-1993. Para este último año, Cuba sólo utilizaba el 20% de su capacidad industrial y había perdido el 75% de la capacidad requerida para llevar a cabo sus importaciones básicas. La crisis económica amenazaba con derivar en catástrofe social. Se inició entonces una difícil etapa denominada Periodo Especial, discreto eufemismo empleado en Cuba para referirse al severo ajuste en los niveles de vida del pueblo cubano.

En ese contexto, México le abrió a Cuba espacios para iniciativas diplomáticas y comerciales. Esto gracias, en buena medida, a la mayor participación del Estado cubano en distintas actividades políticas y diplomáticas a nivel internacional, así como al creciente acercamiento entre los gobiernos y los pueblos de ambos países.

Como presidente de México, tuve encuentros bilaterales con Fidel Castro en diferentes momentos y circunstancias. En 1988 el Comandante asistió a mi toma de posesión y tuvimos la oportunidad de intercambiar opiniones. Coincidimos y dialogamos también durante las reuniones anuales de la Cumbre Iberoamericana, celebradas en México, España, Brasil y Colombia. De igual forma, nos encontramos en 1994, año en que realicé una visita a Cuba en medio de momentos de gran dificultad para nuestros países. Poco después, en noviembre, me tocó recibirlo en la Ciudad de México, cuando Castro acudió para presenciar la ceremonia de transmisión de poderes.

Durante estas y otras oportunidades analicé con él diversos temas. A menudo, el Comandante compartió conmigo sus planes para transformar a Cuba una vez confirmada la disolución de la Unión Soviética. En varias ocasiones le reiteré mi deseo de que los cambios recientes constituyeran un acicate para que su país buscara insertarse de lleno en el contexto internacional. No era fácil. Como es sabido, la legislación estadounidense prohibió el comercio de sus empresas con Cuba, impidió el ingreso de productos cubanos a los Estados Unidos y amenazó con sancionar a las empresas de otras naciones que comerciaran con la Isla. México no permaneció con los brazos cruzados ante este bloqueo, a todas luces injusto: promovió en el seno de las Naciones Unidas una resolución contra todo intento de aplicar de manera extraterritorial las leyes de una nación. En lo personal, me mantuve siempre respetuoso del derecho del pueblo cubano a la autodeterminación, en apego a las disposiciones constitucionales mexicanas y a la mejor tradición de la política exterior de nuestro país. Como ya lo he dicho, actué convencido de que la autonomía de Cuba es esencial para la salvaguarda de la soberanía de México.

1988: Castro regresa a la Ciudad de México luego de 30 años de ausencia

La elección presidencial de 1988 en México marcó el principio del fin de la época de partido prácticamente único de nuestro país. El funcionamiento del proceso electoral dejó descontentos a muchos. Si bien las encuestas previas anticiparon el triunfo del PRI por un margen menor a los históricos, el deficiente manejo de datos y resultados el día de la elección mostró el agotamiento de un sistema electoral presidido por el Estado. El arranque del nuevo gobierno se anticipaba conflictivo, ante la existencia de un amplio grupo opositor en el Congreso y un nutrido número de antagonistas entre la sociedad civil. La gastada estructura priista había crujido anunciando la urgencia de una renovación a fondo, mientras que el contexto internacional comenzaba a transformarse a grandes pasos.

Ante tales avisos, desde la toma de posesión decidí introducir cambios significativos en el antiguo sistema, para lo cual emprendí la indispensable tarea de establecer y ampliar consensos. Invité al que era entonces el principal partido opositor, el PAN, a trabajar unidos en el diseño y la aprobación de las reformas democráticas que el país requería. Asimismo, y con vistas a la consolidación de los derechos humanos, convoqué a la toma de posesión a los dignatarios de las distintas iglesias del país, un hecho tan inusitado como prometedor en una nación cuya Carta Magna negaba su existencia y, por lo tanto, algunos de sus derechos más elementales. Al acto asistieron también representantes y habitantes de las colonias populares, quienes reclamaron de manera enfática la necesidad de una política social incluyente y participativa.

La vasta y diversa lista de jefes de Estado que asistieron a la ceremonia dio fe del pluralismo característico de los nuevos tiempos. Ahí estaban los mandatarios de América Central, con personajes tan diferentes entre sí como Duarte de El Salvador, Azcona de Honduras y Daniel Ortega de Nicaragua, líder indiscutible del sandinismo. Junto a él, en vecindad insólita, George Schultz, secretario de Estado del gobierno saliente de Ronald Reagan.

También se presentó, como ya lo he dicho, Fidel Castro. Era su primera visita a la Ciudad de México desde 1956. En aquel año, desde la capital se dirigió a Tuxpan para embarcarse en el yate *Granma* junto con 82 combatientes rebeldes, incluidos su hermano Raúl, el Che Guevara y Camilo Cienfuegos. El cometido: derrocar la dictadura de Fulgencio Batista. Después de la ceremonia dialogué a solas con el Comandante. Más tarde conversamos de nuevo durante una comida a la que asistieron todos los mandatarios invitados. Este último encuentro, por cierto, congregó de nuevo en la mesa a los presidentes de Centroamérica. La reunión resultó tensa pero constructiva: fue, sin duda, una oportunidad para avanzar en la posibilidad de la distensión, la paz y la alternancia en los países de aquella región. Más tarde, ocasiones similares tendrían lugar en El Salvador y Nicaragua.

Esta visita del Comandante a México concluyó un par de días después con un viaje de Fidel a Tuxpan, precisamente al lugar donde 32 años antes se habían embarcado los combatientes del *Granma*. Su presencia causó conmoción entre los habitantes y en el Comandante evocó recuerdos que le emocionaron profundamente.

1991: la Cumbre Iberoamericana, el sueño de Bolívar...

Fidel Castro habla con voz suave, apenas audible. Pero en esta ocasión sus palabras resonaron por su importancia y hondura: "Ésta es la reunión que soñó Simón Bolívar... Y la llevamos a cabo junto con el rey de España." Estábamos en Guadalajara, Jalisco. Era el 18 de julio de 1991. La Cumbre Iberoamericana reunió por primera vez a todos los líderes políticos de habla hispana de América Latina y el Caribe, además de España y Portugal. Así se concretó un afán político acariciado durante 200 años. Concurrimos 23 jefes de Estado y de gobierno. Fue, sin duda, un gran acontecimiento diplomático. Para México, este foro constituyó un medio formidable para fortalecer la posición del país frente a un entorno mundial mudable y crecientemente complejo.

La iniciativa de la Cumbre surgió en julio de 1989, durante mi visita a España. En aquella ocasión me entrevisté con el rey Juan Carlos, quien me comentó que para 1992, año del quinto centenario del encuentro entre dos mundos, planeaba invitar a su país a todos los jefes de Estado de América Latina. De manera respetuosa, pero con firmeza le respondí: "No creo que sea posible acudir a una cita que pudiera leerse como un cónclave del rey y sus vasallos." El rey Juan Carlos atendió a mis comentarios con gran sensibilidad e inteligencia. Animados, intercambiamos puntos de vista y decidimos ir mas allá. Fue así como surgió la idea de una Cumbre. La comenté con Felipe González, jefe de gobierno de España, quien se sumó a la iniciativa y me hizo ver la pertinencia de invitar también al presidente Mario Soares, de Portugal, para redondear el carácter ibérico del encuentro. Aunque surgieron algunas complicaciones delicadas, el subsecretario de Relaciones de mi gobierno, Andrés Rozental, desplegó una notable labor diplomática para lograr la participación de Portugal y Brasil. De entrada, se planeó realizar un foro de gran amplitud política entre naciones independientes, en un plano de igualdad para todos los mandatarios. Se trataba de construir relaciones con equilibrio diplomático, con la perspectiva de alcanzar beneficios de carácter económico y cultural.

Se pensó en Guadalajara como un lugar idóneo para recibir a todos los jefes de Estado y de gobierno de Iberoamérica. Se sumaron a la Cumbre los secretarios generales de la ONU y la OEA, así como los directores generales de la UNESCO, el BID y la CEPAL. El logotipo del encuentro lo diseñó el pintor mexicano Rufino Tamayo.

La sesión inaugural se efectuó en el Hospicio Cabañas, bajo las imágenes de *El hombre en llamas*, el extraordinario mural de

José Clemente Orozco. Para agilizar el acto se decidió restringir a cuatro minutos las intervenciones de cada mandatario. Al finalizar su turno, Fidel Castro comentó, en un tono a caballo entre la preocupación y la ironía: "Espero no haber rebasado el límite." El moderador de la mesa, Felipe González, presidente de España, respondió: "No. Lo felicito por disciplinarse." Castro contraatacó con un viso amistoso: "Está usted muy dictatorial el día de hoy." La nueva réplica del español dejó ver toda la agilidad y el músculo desarrollados durante su experiencia parlamentaria: "Permítame ser hoy, por unos minutos, el dictador." La amistad entre ambos permitía este tipo de juegos verbales, que ellos ejercían con afecto y espontaneidad.

Durante la jornada hubo avances notables en relación con los procesos de paz en El Salvador, en particular luego de una reunión privada con la participación del secretario general de la ONU, Javier Pérez de Cuéllar, y los presidentes de España, Venezuela, Colombia y México. Meses después, en enero de 1992, nos reunimos nueve jefes de Estado, esta vez en el Castillo de Chapultepec de la Ciudad de México, para atestiguar la firma de los tratados de paz entre el gobierno del mandatario salvadoreño Alfredo Cristiani y los líderes del Frente Farabundo Martí para la Liberación Nacional (FMLN). Así tocó a su fin una terrible guerra fratricida.

Entre los temas abordados durante la Cumbre, el de la nueva realidad mundial tras la caída del muro de Berlín y el final de la guerra fría ocupó un lugar destacado. En otro momento significativo, Patricio Aylwin, presidente de Chile, y el mandatario colombiano César Gaviria firmaron el restablecimiento de relaciones diplomáticas de sus respectivos países con Cuba.

Bush y Gorbachov saludan la Cumbre.
Un mensaje alentador de Juan Pablo II

A la Cumbre llegaron mensajes de apoyo de los presidentes de la República Popular China, los Estados Unidos y la Unión Soviética. Bush y Gorbachov enviaron sus saludos desde Londres, donde participaban en la reunión del llamado G-7. Ahí, el mandatario soviético había tenido una participación desesperada, en busca de apoyo financiero para la URSS y en medio de rumores sobre un posible golpe de Estado en su contra. El 17 de julio los dos jefes de Estado anunciaron en Winfield House un acuerdo histórico para reducir de manera sensible sus arsenales nucleares.[1]

Un saludo particularmente alentador fue el del Papa Juan Pablo II, con quien había sostenido una cordial entrevista unas semanas antes en el Vaticano. Durante aquella conversación el Papa y yo rememoramos su más reciente visita a México, durante la cual compartimos algunas ideas sobre el país y en torno a los cambios que comenzaban a gestarse en el mundo. Hablamos, en particular, del previsible colapso de la Unión Soviética y la mayor parte del bloque socialista.

"Su nación —me dijo entonces— es muy importante para mí; gracias a México se me abrieron las puertas en mi tierra natal, Polonia." Me causó sorpresa esta afirmación y le pedí que me hablara más sobre el asunto. "Es muy sencillo —agregó—. Yo le expresé a los líderes del gobierno polaco que si era recibido con tal generosidad en un país como México, donde había una legislación tan restrictiva para la Iglesia católica, no podían negarme entrar a Polonia." Comprendí el significado, no exento de humor,

---

[1] George Bush y Brent Scowcroft, *op. cit.*, p. 508.

de su comentario. Pensé que aquélla era una buena oportunidad para hablar con él sobre ciertos aspectos importantes de la relación con la Iglesia en nuestro país. "La diferencia entre Polonia y México —le dije— es que mientras allá el problema entre la Iglesia y el Estado es esencialmente ideológico, en México tiene razones históricas. Se trata de una diferencia de fondo, que hace mucho más difícil y delicada en México la relación entre ambas instituciones. Por eso —agregué— en mi país tenemos que ser mucho más cuidadosos al abordar este tema. Cualquier paso con fines de mejorar los términos de la relación tiene que darse por la vía del diálogo, el consenso y el convencimiento."

El Papa asintió. Un brillo especial en sus ojos me reveló que había entendido la verdadera dimensión del conflicto y las dificultades especiales que tendría que enfrentar en México cualquier intento de reforma en esa materia. Me recordó con especial énfasis la gran apertura mostrada por la institución eclesiástica a partir del Concilio Vaticano II, cuando se subrayó la importancia de mantenerla separada de las actividades del Estado, al tiempo que se insistió en el rol y la responsabilidad esencialmente espirituales de la Iglesia. La tarea de ésta, remató, está en el Evangelio, al margen de la actividad política de los gobiernos y los partidos.

La conversación continuó de manera fluida y relajada. El Papa repitió varias veces mientras hablábamos: "La historia es cambio." En un momento, al tocar el tema de las grandes transformaciones mundiales, señaló: "Ya ve: ante los cambios en Europa central no necesitamos tomar partido, como en alguna ocasión le reclamó Stalin al Papa de cara a los diálogos que definirían el mapa de la posguerra. Nuestra fuerza es espiritual, y para Europa la segunda guerra fue una tragedia moral." Su comentario me llevó a pensar que él esperaba que la gran reserva ética para la Iglesia del siglo XXI se concentrara en Polonia y en buena parte de Europa central.

Sin embargo, años después Gabriel García Márquez me comentó que el Papa estaba muy desilusionado a causa de lo que él mismo llamó "el libertinaje" desatado en Polonia tras la apertura de su economía y la transformación de su sistema político. Ante esto, agregó el escritor, Juan Pablo II había depositado en América Latina la esperanza de que se consolidara un gran impulso moral y espiritual. El recuerdo de su entrañable encuentro con los feligreses de México tuvo una enorme influencia en las ideas y las expectativas del Papa.

Durante nuestro diálogo en el Vaticano, le comenté al pontífice que la ausencia de relaciones entre México y la Santa Sede no era sino el resabio de una época y unas circunstancias ya superadas. Y le hablé de la urgencia de modificar de manera transparente esa política. Su reacción me impresionó de manera muy honda, tanto que decidí registrarla en un cuaderno personal:

En ese momento se le llenaron de luz los ojos. Me dijo que apreciaba mucho lo que yo había expresado y me tomó las manos para agradecérmelo. Lo invité de nuevo a visitar México y una vez más brillaron sus penetrantes ojos claros. Me respondió: "Si el Presidente lo quiere, así será." En tres ocasiones entró su asistente para recordarle que el tiempo de la reunión se había vencido, pero él no le hizo caso. Cuando por fin nos despedimos, me comentó que el cuadro de la virgen de Guadalupe que le obsequié era muy hermoso. Luego me volvió a tomar las manos. Finalmente, me comentó que no podría acompañarme a visitar la Capilla Sixtina como yo le había pedido, pero que cuando yo la recorriera, en la visita especial que él había dispuesto, recordara que su espíritu estaba conmigo.

Un año después, en 1992, a iniciativa de mi gobierno se reanudaron las relaciones diplomáticas entre México y la Santa Sede, interrumpidas durante más de 130 años. Recibí al Papa en México, en 1993. Por primera vez en la historia de nuestro país el máximo representante de la Iglesia católica fue recibido, a la vez, como jefe de Estado.

Octavio Paz y García Márquez también se pronuncian

El 19 de julio, durante la Cumbre Iberoamericana, el gobierno de México organizó una comida en honor de los mandatarios participantes. Convocado en su calidad de distinguido intelectual y gran poeta de la lengua española, Octavio Paz pronunció un discurso. En él señaló: "Para que nuestro pasado despierte, se levante y camine de nuevo, necesita de la libertad y la democracia." En su turno, García Márquez habló de la necesidad de concertar "una alianza ecológica en Iberoamérica, que sin duda sería providencial en la empresa nada fácil de salvar el mundo". Gran visión la de estos dos grandes escritores, que en tan notable circunstancia abordaron temas que desde entonces apuntaban como las grandes prioridades del siglo XXI.

Al final del acto nos trasladamos al Teatro Degollado, uno de los más hermosos y significativos de México, para presenciar un espectáculo en el que participaron artistas de toda Iberoamérica. El trayecto del Hospicio Cabañas al teatro podía recorrerse en los autobuses asignados para el encuentro, pero esa tarde invité a los jefes de Estado y de gobierno a transitarlo a pie. A lo largo de casi un kilómetro, formando vallas, la gente aplaudió a los visitantes. Los equipos de seguridad pasaron, sin duda, por momentos de gran tensión, pero la hospitalidad y generosidad de los tapatíos contribuyeron a que la caminata se transformara en un acto inolvidable. Concluido el espectáculo cultural, hacia el ocaso, mientras que desde los balcones del palacio municipal de Guadalajara contemplábamos los fuegos artificiales, el rey de España preguntó, medio en serio, medio en broma, y luego del estallido de un cohetón, si aquel estruendo no era consecuencia de una especie de atentado contra algún visitante.

El presidente de Panamá, que compartía balcón con Fidel Castro, era objeto de reclamos hostiles por parte de un pequeño grupo. Días después, cuando durante una de las reuniones el mandatario panameño aludió al derecho de su país sobre el Canal, el propio Castro inició el aplauso de reconocimiento.

Cozumel, la sobrevivencia de Cuba y el Grupo de los 3

Para tratar el tema específico de Cuba, el 22 y 23 de octubre de 1991 nos reunimos en Cozumel el presidente de Colombia, César Gaviria, el de Venezuela, Carlos Andrés Pérez y yo, en mi calidad de presidente de México. Juntos habíamos constituido el llamado Grupo de los Tres, cuyo propósito era promover el libre comercio y construir un mecanismo para dialogar sobre los retos de la región. Fidel Castro llegó por la tarde del día 22. La intención: explorar caminos que contribuyeran a resolver la difícil situación que enfrentaba Cuba, consecuencia del prolongado bloqueo económico y comercial promovido por los Estados Unidos en contra de la Isla, así como de los conflictos y las carencias que la disolución de la Unión Soviética trajo consigo.

Llegué a Cozumel desde Hermosillo, Sonora, donde asistí a la toma de posesión del joven gobernador Manlio Fabio Beltrones, quien se transformaría en uno de los políticos más formidables en México. Fidel Castro, por su parte, viajó a esta ciudad del Caribe mexicano desde La Habana. Una crónica del día reseñó: "Castro llegó fortalecido, con la vitalidad necesaria... adonde un presidente de México 20 años más joven le tiende un puente que no es de plata, sino de dignidad, respeto y concordia."[2]

Nos reunimos en sesión privada en la casa del padre de un amigo y colaborador mío, cozumeleño distinguido: Pedro Joaquín Coldwell. Conversamos sobre los retos económicos de Cuba, en particular sobre sus necesidades de petróleo, con un Fidel que no pedía nada pero que esperaba solidaridad y respeto. Hablamos también sobre las perspectivas del proceso democratizador en la Isla y comentamos los avances sobre esta materia en nuestros respectivos países. En Colombia la promulgación de una nueva constitución abría perspectivas alentadoras. Sobre Venezuela, en cambio, flotaban presagios golpistas. En México, los avances en la negociación del Tratado de Libre Comercio y los resultados de las elecciones intermedias celebradas unos meses antes, con sustanciales avances democráticos, abrían una ventana de esperanza para la vida política del país. Ante la sinceridad y el tono fraterno con los que se abordaron todos los temas, Fidel Castro comentó: "Estamos entre amigos."

Durante la reunión ocurrió un hecho curioso. Mi secretario privado se acercó para notificarme que el presidente de los Estados Unidos estaba al teléfono y solicitaba hablar conmigo. Tomé el auricular, convencido de que la llamada tendría que ver con

[2] J. López-Dóriga, *op. cit*, p. 339.

algún detalle relacionado con las negociaciones del TLCAN o cualquier otro asunto de la agenda bilateral. Para mi sorpresa, Bush me llamaba para invitarme a visitar la Casa Blanca en compañía de mi mujer y de mi hija Cecilia. Se trataba de una convocatoria amistosa que acepté gustoso. Antes de concluir nuestra charla, le hablé de la reunión que se estaba llevando a cabo en Cozumel y de los mandatarios que en ese momento me acompañaban. Bush sólo alcanzó a comentar, en tono bromista y cordial: "Saludos a mi amigo Fidel."

"Hay que ser más duros en la presión contra Cuba"

Para los tres presidentes latinoamericanos congregados en Cozumel, aquella reunión funcionó como un preparativo para el encuentro del llamado Grupo de Río, que se celebró en Cartagena de Indias, Colombia, en diciembre de ese mismo año de 1991. Ahí el presidente de Argentina, Carlos Saúl Menem, propuso emitir una condena contra Cuba: "Hay que ser duros, más duros en la presión a Cuba", reclamó. Aunque el grupo de trece presidentes latinoamericanos se dividió ante la propuesta de Menem, al final fue rechazada con el firme apoyo de los mandatarios de Chile y Brasil. En cambio, se planteó la conveniencia de acudir a la concertación y el diálogo. La respuesta fue consistente con el comunicado conjunto emitido unos meses antes en Cozumel, que funcionó como punto de referencia.

Los diálogos oficiales en Cartagena continuaron durante las visitas a la casa de García Márquez, vecina del ex convento donde, de acuerdo con una de sus celebradas novelas, los cabellos de Sierva María de Todos los Ángeles no cesan de crecer. Luego, durante los recorridos que hicimos juntos por la ciudad, el Gabo insistió en la urgencia de evitar la confrontación y abrir canales de diálogo. Ese espíritu prevaleció en los encuentros del grupo de presidentes, durante los cuales nunca se intentó imponer criterios ni formular recetas, mucho menos entrometerse en los asuntos internos de otra nación. En cambio, se contrastaron las posiciones más disímiles de manera respetuosa y cordial.

Madrid, 1992

A iniciativa del rey Juan Carlos, la Segunda Cumbre Iberoamericana se llevó a cabo en Madrid los días 23 y 24 de julio de 1992, año en el que se conmemoró el quinto centenario del encuentro de dos mundos.

La reunión de Madrid fue especialmente incómoda para Cuba. El presidente de Argentina, fiel a sus obsesiones, propuso constituir una fuerza latinoamericana "para intervenir en aquellos países de la región cuya democracia esté en riesgo". El tono y el contenido del discurso de Menem presagiaba el que los neoconservadores estadounidenses adoptaron diez años más tarde, cuya parte medular descansaba en la necesidad impostergable de un cambio de régimen en la Isla. Un destacado periodista y analista mexicano escribió sobre la insistencia del mandatario argentino: "Siempre hay alguien dispuesto a hacerle el trabajo sucio a los norteamericanos."[3]

Por fortuna, el debate contó con la conducción de Felipe González, el presidente del gobierno español. La presión contra

---

[3] *Ibid*, p. 444.

Cuba, denunció Castro, fue excesiva, injusta y frustrante. Cuando la prensa le preguntó si no se había sentido aislado, Castro señaló que en efecto las condiciones habrían resultado propicias para un sentimiento así, "de no haber sido por la posición de México". Desde luego, la postura mexicana fue de rechazo a la desatinada pretensión intervencionista. Como presidente del país, defendí este punto de vista, convencido de que actuaba apegado a los principios fundamentales de la política exterior mexicana. Ante estas muestras de congruencia y solidaridad, Castro declaró: "Estoy satisfecho de la conducta de México, siempre amistosa, siempre solidaria; aquí he sentido el calor del afecto y las demostraciones de amistad." Esa noche, en el concierto de honor que ofreció el rey de España en los jardines del Palacio Real, el Comandante me dedicó unas palabras en el programa oficial, junto a las firmas del presidente Cristiani de El Salvador y de la Infanta de España: "Más que un amigo, un hermano a quien aprecio extraordinariamente".

Durante la Cumbre, Castro abordó un tema delicado: el de la voluntad de su gobierno de abrirse a la inversión extranjera; no obstante, agregó, la que ha llegado a Cuba ha sido insuficiente. La declaración, poco ortodoxa para algunas izquierdas de Latinoamérica, reflejó la necesidad del régimen cubano de adaptarse a su nueva realidad.

1993: Salvador de Bahía, Brasil

El 15 de julio de 1993, en el Centro de Convenciones de Armacao, Bahía, Fidel Castro declaró con su voz suave y ronca: "Para la Cuba en pie de lucha pido solidaridad a mis hermanos de América

Latina". La crisis en la Isla se había recrudecido de manera dramática, mientras las condiciones de aislamiento crecían. Para hablar de esta situación, por la mañana muy temprano desayuné con Felipe González. Coincidimos en la urgencia de actuar en apoyo a la Isla, cada uno con sus propios medios. Antes, durante la reunión plenaria, el rey Juan Carlos expresó: "No se trata ahora de abrir nuevos rumbos en la historia, pues la de Iberoamérica está ya trazada", lo que se leyó como un banderazo dirigido a las diferentes iniciativas a favor de la región, en particular las de apoyo a Cuba.

Estábamos ya en la Tercera Cumbre Iberoamericana, cuya agenda incluía los asuntos más diversos: educación, democracia, desarrollo, justicia y solidaridad internacional, entre otros. Esta amplitud temática permitió que se intensificaran los intercambios bilaterales y multilaterales. Como presidente de México, consideré oportuno emprender un diálogo solidario con Fidel Castro.

En aquellos días, Cuba tenía una deuda con el Banco de Comercio Exterior de México. Fidel y yo acordamos reunirnos en privado para tratar el asunto. Las principales instancias de la economía mexicana, en particular el Banco de México, reclamaban que el débito se cubriera completo y a la brevedad. No obstante, también se tenía conciencia de la delicada circunstancia que enfrentaba la Isla en el llamado Periodo Especial. Antes del encuentro con el Comandante yo había analizado el tema de manera detenida con Pedro Aspe, el secretario de Hacienda de mi administración. A la charla con Fidel asistí acompañado del entonces director del Banco de Comercio Exterior, Ángel Gurría.

La experiencia de Gurría en materia de reducción de deuda era única en el mundo. Durante 1989, bajo la dirección de Aspe, Gurría encabezó la delegación mexicana que negoció la primera reducción de deuda en la historia de las economías modernas. Fue una labor extraordinaria: primero exigió construir un consenso al interior del gobierno y en las Cámaras. Después logró vencer la oposición del FMI y del Banco Mundial, empeñados en imponer como condiciones la reestructuración de los pasivos del país y una mayor austeridad interna. Gracias a Gurría se consiguió dar curso a nuestras propuestas: reducir la deuda y llevar a cabo acciones para que México retomara un ritmo adecuado de crecimiento. Al final, el gobierno mexicano consiguió negociar un acuerdo con más de 500 bancos comerciales de todo el mundo.

Durante aquella negociación, el presidente Bush instruyó a su secretario del Tesoro, Nicholas Brady, para brindarle a México todo el apoyo necesario. De las propuestas mexicanas surgieron los bonos de reducción de deuda. Así nació el Plan Brady. En cierto momento de tensión tuve que retirar a mi equipo de gestores y prepararme para la suspensión de pagos, cuando finalmente los 500 bancos comerciales ya mencionados aceptaron la reducción de la deuda. De manera simultánea, y con el fin de enfrentar el problema de nuestra cuantiosa deuda interna, a partir de 1990 el gobierno recurrió a la venta de activos gubernamentales mediante subasta pública. De esta manera se logró reducir el monto del crédito acumulado. Los ingresos de esas privatizaciones se emplearon en su totalidad para pagar deuda interna y tener ahorros permanentes. Al reducir el débito y también su pago de intereses se hizo posible invertir más en educación, salud, alimentación y vivienda, así como renovar la infraestructura del país, sin incurrir en déficit fiscal.

Gracias al éxito de estas operaciones, en 1994 nuestra economía creció a tasas cercanas al 5% y la deuda total se redujo respecto al PIB. De ese tamaño era la experiencia de Gurría, elemento primordial dentro del equipo de Aspe. El Comandante estaba al tanto de estos antecedentes y recibió con entusiasmo la noticia de la incorporación de Gurría a las negociaciones. Así reportó la prensa el resultado de aquel encuentro:

> Después de que estuvieron a solas Salinas y Castro, cuando se abrió la puerta de la suite y apareció el Comandante, su rostro mostraba una expresión distinta al gesto de agobio con el que había llegado. Algo, algo había ocurrido que le hizo contestar cuando alguno de los suyos le preguntó cómo había transcurrido la entrevista: "Bien, muy bien, con resultados muy halagüeños para el pueblo cubano. El presidente mexicano es mi amigo. México es amigo de Cuba. De ustedes los mexicanos es de quienes el pueblo cubano está recibiendo respuestas serias, solidaridad efectiva. Cuídenlo mucho. Es un buen presidente."[4]

Junio de 1994: última visita de Estado a Cuba

El 13 de junio de 1994 viajé a Cuba. Aquella última visita de Estado fue de lo más trascendente, no tanto por las formalidades como por el contenido. Quizá lo más relevante fueron las palabras que el Comandante pronunció durante el almuerzo celebrado en la Casa de Protocolo 5, tal y como lo registró un hábil cronista político que logró atestiguar la conversación.[5]

La visita fue breve. Faltaban unos días para la elección presidencial y México resentía aún el impacto del levantamiento de

---

[4] Fidel Samaniego, *En las entrañas del Poder: Crónicas*, México, Rayuela Editores, 1995, p. 435.

[5] *Ibid*, p. 331.

Chiapas y la trágica muerte del candidato priista a la presidencia, Luis Donaldo Colosio. No podía yo permanecer, ante esas circunstancias, fuera del país por mucho tiempo, y aún estaba pendiente una visita a Cartagena para asistir a la Cuarta Reunión Iberoamericana.

Durante el almuerzo, el Comandante compartió con la mesa de colaboradores lo que antes habíamos conversado. Señaló que a raíz del conflicto de Chiapas se había hecho evidente la intención de algunos gobiernos extranjeros de aislar a México, para que "el gobierno mexicano recibiera un golpe desestabilizador de alto impacto". Era la voz de la experiencia. Luego agregó: "Yo sé de esto. Miren que sé que es difícil, porque lo he vivido, porque he leído la historia." Entonces evocó los combates que el gobierno y el ejército revolucionarios de Cuba tuvieron que librar frente a la contraguerilla en la región del Escambray: "Aquí los combates fueron en terrenos mucho más sencillos que los de Chiapas. Y tardamos cinco años en vencerlos. Ustedes lo hicieron en diez días." El periodista presente reseñó así aquel momento:

Fidel Castro se mojaba los labios, bebía un poco del ron que le sirvieron a manera de digestivo. Dejó que viviese el silencio unos segundos. Luego el viento caliente recibió de nuevo esa voz de tono agudo, esa legendaria voz: "Yo he leído mucho de las guerras. Casi me sé de memoria el libro de Bernal Díaz del Castillo. El sitio de Tenochtitlán ha sido uno de los más largos... Por eso digo, y lo creo firmemente, que ante el conflicto de Chiapas el presidente Carlos Salinas tomó la solución más sensata y más valiente. Y logró que en sólo diez días se diera el cese al fuego; también decretó la amnistía. Sí, óiganlo bien, fue valiente porque optó por la negociación y el diálogo. Hablo de lo que sé; yo no hablo tanto de economía, pero sé mucho de guerras; yo fui guerrillero".[6]

Aquella visita ocurrió en un periodo en el que los encuentros entre Castro y otros mandatarios eran cada vez más escasos. Las ausencias crecían en proporción directa al recrudecimiento del bloqueo. Por eso Fidel comentó: "Ha sido una visita valiente, porque en los tiempos que vivimos y con toda esta enorme campaña contra Cuba, visitar nuestro país es un acto de valentía." Y era verdad: ante el intento de ponerle sitio a la Isla, el gobierno que me tocó encabezar creyó útil y positivo edificar puentes de comunicación y diálogo.

La conversación terminó en tono optimista. El clima había sido de cordialidad. No podíamos anticipar todo lo que vendría en los meses siguientes: el conflicto de los balseros, la solicitud de ayuda del presidente de los Estados Unidos, la crisis económica en México, la intromisión de la diplomacia mexicana en los asuntos internos de Cuba y el secuestro de dos niños estadounidenses. Menos previsible aún era la irrupción de una enfermedad terminal cuando Castro cumplió los 80 años y que terminaría su existencia diez años después.

[6] *Ibid*, pp. 556-557.

CAPÍTULO 2

Diálogo en clave mexicana
entre Bill Clinton y Fidel Castro

Llamada imprevista de un mandatario preocupado

A las 20:30 horas del 23 de agosto de 1994, entró mi secretaria a
la oficina de la residencia oficial del Presidente de la República llamada Los Pinos en la Ciudad de México. Me encontraba de muy
buen humor: unos días antes, en medio de los peores augurios,
la elección presidencial se había llevado a cabo de manera pacífica, con una nutrida participación y los más alentadores resultados.
"El presidente Clinton desea hablar con usted", me dijo. Mientras
me acercaban el auricular, pensé que el mandatario de los Estados
Unidos llamaba para hacerme alguna observación sobre el exito-
so desarrollo del proceso electoral.

No me equivoqué. Sus primeras palabras confirmaron mi
expectativa. El presidente Clinton me habló con entusiasmo
sobre la elección presidencial de agosto de 1994: "Carlos, te felicito por el buen desempeño de la elección. Me hace sentirme
celoso por la notable participación de la gente. Me sorprende el
monitoreo realizado por los observadores electorales, en particular los elogios de la ONU sobre el proceso." Y remató con unas
palabras elogiosas: "Es encomiable tu determinación de impulsar

una elección limpia y consolidar la democracia. Vamos a trabajar juntos en el futuro."

Pero lo que siguió fue el inicio de uno de los episodios diplomáticos más notables de la segunda mitad del siglo XX mexicano. Las notas que tomé a partir de aquella conversación y de otras que le siguieron en los meses posteriores me han permitido recrear ese acontecimiento extraordinario, que a lo largo de seis meses me permitió participar en el esfuerzo por derribar la barrera al restablecimiento de relaciones diplomáticas y en particular al libre comercio que los Estados Unidos le han impuesto a Cuba durante más de cinco décadas.

Clinton me comentó que estaba muy preocupado por la salida de balseros de Cuba hacia Florida. Agregó que la fuga de esos migrantes amenazaba con crearle a su país un problema similar al que a principios de 1980 le causaron los llamados "marielitos", un nutrido grupo de cubanos que en aquel año partieron desde el puerto de Mariel, próximo a La Habana, rumbo a territorio estadounidense. Muchos de ellos fueron trasladados a una base militar en Arkansas. Los conflictos que su mala conducta y su eventual escape de aquella base le causaron a ese estado de la Unión fueron de tal magnitud que el mismo Clinton, entonces gobernador de Arkansas, perdió la reelección.

Ahora, en 1994, el problema era más grave. *"Please, check around"*: Clinton usó esta frase coloquial y reveladora para solicitar mi ayuda. Quería que yo estableciera contacto directo con el gobierno de Cuba para conocer su posición sobre la salida de los balseros. Literalmente me dijo: "No queremos una crisis." Me pidió que, de ser posible, le compartiera los puntos de vista del régimen cubano sobre el problema. Recordó que, durante la presidencia de Reagan, y ante la dimensión del problema migratorio desde la Isla, se había acordado otorgarle a Cuba 20 mil visas por año; ahora él estaba dispuesto a incrementar esa cifra para resolver la situación. Al final habló de su preocupación por las posibles reacciones violentas de grupos antiinmigrantes estadounidenses ante la presencia de los balseros. El sentimiento de rechazo, aseguró, podía desbordarse hacia varios estados del país (California, por ejemplo); en tales condiciones la hostilidad acabaría por recaer sobre cualquier migrante, sin importar su origen.

La migración cubana y los conflictos en el Caribe

El asunto era de la mayor trascendencia, en especial para el régimen y la diplomacia estadounidenses. En aquellos días el gobierno de Clinton enfrentaba una situación muy delicada en Haití: desde julio del 94 venía promoviendo una resolución del Consejo de Seguridad de la ONU para remover por la fuerza a la dictadura haitiana. Los Estados Unidos se preparaban para una intervención militar en el Caribe.

La situación era igual de comprometida para Cuba, que atravesaba por una fuerte crisis a causa del bloqueo económico. El conflicto se había agudizado con la desaparición de la Unión Soviética y la mayoría de los países socialistas, pero también debido al cese de apoyos por parte de gobiernos hasta entonces aliados de La Habana.

La problemática tenía, de igual forma, una enorme relevancia para México. Como anticipaba Clinton, la llegada masiva de balseros a los Estados Unidos podía generar una actitud más y más hostil hacia todos los migrantes, incluidos los mexicanos. En esos momentos, México ya enfrentaba una creciente incomprensión por parte de las autoridades de California hacia nuestros migrantes, tanto legales como ilegales, incluso contra sus descendientes. La susceptibilidad de los mexicanos en torno al tema no podía ser mayor. En el horizonte asomaba el riesgo de un conflicto diplomático, político y social de dimensiones insospechadas.

Había que emprender la tarea con absoluta discreción. Si llevaba el asunto por los canales diplomáticos normales, corría el riesgo de una filtración. Al mismo tiempo, necesitaba un conducto con el gobierno de Cuba que garantizara reserva total, así como un trato inmediato y directo con Fidel Castro. Desde el principio supe quién era el enlace adecuado.

Gabriel García Márquez entra en acción

Le llamé por teléfono a Gabriel García Márquez, el premio Nobel de literatura, colombiano de origen y mexicano por adopción. Tenía con él un trato de cercanía y confianza. Habíamos sostenido una estrecha relación durante más de diez años y estaba convencido de su inteligencia y sensibilidad. Sabía que el Gabo, como a él le gustaba que le llamaran familiarmente, se preparaba para viajar a Cuba. Era la persona idónea para llevarle a Fidel el mensaje. Cuando logré comunicarme con él, le pregunté si podía acudir a Los Pinos. No le dije más, pero entendió con claridad que si el presidente de México lo convocaba a charlar en persona casi a la medianoche, debía tratarse de algo muy serio.

Llegó a mi despacho poco más de media hora después. Le habíamos facilitado su recorrido en un tiempo récord desde su domicilio en el Pedregal de San Ángel, en el sur de la ciudad, hasta Los Pinos. Lo puse al tanto de mi encomienda. Aunque suele ser un hombre emotivo, en ese momento el escritor mostró un aplomo extraordinario. Tras reflexionar un instante, comentó: "Es mejor que usted hable directamente con el Comandante." Acto seguido, llamó a Cuba y sin mayor trámite le dijo a quien le respondió que el presidente de México estaba interesado en hablar con Fidel Castro. Colgó el auricular. Mientras localizaban al Comandante, conversamos con detenimiento sobre la relevancia de la tarea a realizar y la conveniencia de llevarla a cabo con absoluta discreción. Poco después volvió a marcar a La Habana y me puso en contacto con Castro.

Primera reacción

Hombre que sabía escuchar, Fidel atendió en silencio a mi relato de la llamada de Clinton. Desde luego, en esa primera conversación evité mencionar el nombre del presidente de los Estados Unidos; me concreté a hablar de "el gobierno estadounidense". Castro, con su habitual claridad, me dijo que la salida de los balseros no era una táctica del gobierno cubano, sino la consecuencia de una situación insostenible provocada por el bloqueo económico y la flamante Ley Torricelli. El hecho de que los Estados Unidos hablaran de hacer esfuerzos para reducir el volumen de esa migración ilegal, al tiempo que la estimulaban a través de la radio, configuraba una contradicción flagrante. Por eso, agregó, su gobierno había decidido flexibilizar la política migratoria y permitir la partida de los balseros. Por lo demás, agregó el Comandante, si el gobierno cubano intentaba impedir esa salida, con seguridad iban a generarse incidentes que los medios internacionales dramatizarían para acusar a su gobierno de represivo. Por todos estos motivos, él había dado instrucciones muy claras: si alguien deseaba marcharse de la Isla, no se impediría que lo hiciera, mucho menos mediante el uso de la fuerza. Me hizo ver que estaba dispuesto a encontrar una solución y que no se negaba a conversar. Sin embargo, subrayó la necesidad de analizar las causas del problema, en particular el constante endurecimiento del bloqueo promovido por los Estados Unidos; esa política, insistió, era el origen principal de las crecientes aflicciones económicas que alentaban la emigración.

Castro me aseguró que compartía mi preocupación por los efectos que la salida de balseros podría tener sobre el debate en torno a los migrantes mexicanos. Desde su punto de vista, sin embargo, la forma de resolver el conflicto aún estaba por discutirse. El gobierno estadounidense había incumplido el acuerdo de otorgar 20 mil visas anuales. El año anterior, señaló como ejemplo, la administración de ese país sólo había expedido 964. Para terminar, me dijo estar dispuesto a entablar conversaciones sobre migración con los Estados Unidos, siempre y cuando se asumiera, como punto de partida, que las causas de la salida intensiva de balseros era el bloqueo, dadas sus consecuencias sobre la economía del pueblo cubano. De llevarse a cabo el diálogo en esos términos, subrayó, quienes en ese momento buscaban a toda costa abandonar el territorio cubano hallarían un motivo alentador para permanecer en su país.

Clinton se muestra optimista

Al día siguiente, 24 de agosto, el presidente Clinton volvió a llamar. Le transmití de manera puntual los comentarios de Fidel Castro. En respuesta, me hizo saber que estaba dispuesto a dialogar con el Comandante sobre migración, pero no en torno a otros temas. No descartaba la posibilidad de discutir en el futuro otras cuestiones, como el bloqueo, pero en las circunstancias prevalecientes le parecía inoportuno. Sugirió realizar una reunión entre funcionarios de ambos países, para poner sobre la mesa los asuntos migratorios. Reiteró que él se inclinaba por negociar un incremento significativo de la migración legal, e insistió en la conveniencia de sentarse a resolver el problema antes de que se tornara inmanejable.

Apenas concluida esta segunda conversación, le llamé a García Márquez para ponerlo al tanto y pedirle que le hiciera llegar el nuevo mensaje al presidente cubano. Le aclaré que había intentado, sin éxito, dárselo de manera personal. Ocupado en una conferencia de prensa, precisamente sobre las tensiones generadas por los migrantes, Castro no había podido atender mi llamada. Horas después el escritor viajó a Cuba. Llegó a La Habana a la 13:30 horas. Treinta minutos más tarde se entrevistó con Fidel Castro. Cuando por la noche logré hablar con el Comandante, García Márquez ya lo había puesto al tanto. Las primeras noticias sobre la posición de Clinton, sin embargo, le habían llegado durante su larga intervención ante la prensa, a través de una nota que le envió el Gabo. Antes, a la mitad de esa misma conferencia, había dicho: "¿Será posible alcanzar la solución a las causas del problema? No lo sé, no estoy seguro." Al concluir su intervención para iniciar el diálogo con los medios, Castro, que había ya recibido la nota del escritor, pudo matizar esta opinión al responder a la pregunta de una periodista sobre el tema.

Conversaciones en la madrugada

Cuando Fidel Castro y yo terminamos de comentar las propuestas de Clinton, el reloj de mi oficina marcaba la una de la mañana del 25 de agosto. Durante la conversación, Castro dejó ver que entendía la importancia de entablar las pláticas y que estaba dispuesto a moverse en esa dirección. Al mismo tiempo, comentó, había que trabajar para disminuir las salidas de balseros. Reconoció, además, la conveniencia de examinar sólo el tema migratorio y dejar para más tarde otros asuntos: "Comprendo la propuesta de los Estados Unidos. Se puede hablar sobre migración sin abordar otras cuestiones; abrir el diálogo a otros asuntos podría acarrear dificultades políticas. Lograremos conversar sin poner en riesgo el prestigio de ambos países", concluyó.

Ese mismo día me comuniqué por teléfono con Clinton y lo puse al tanto de la posición de Castro. Sin ocultar su inquietud, el presidente de los Estados Unidos me comentó que las condiciones climatológicas se complicaban en el estrecho que se extiende entre Cuba y Florida, lo que ponía en riesgo la vida de los balseros. Era urgente detener el flujo de migrantes cubanos ilegales. Clinton refrendó su disposición a promover y anunciar un aumento de visas para ampliar el número de accesos legales de cubanos. Asimismo, propuso que fuera un subsecretario de Estado de su país el responsable de encabezar la delegación estadounidense que participaría en el diálogo bilateral. Dado que el encuentro más reciente sobre migración se había celebrado en Cuba en 1984, proponía que en esta ocasión se llevara a cabo en los Estados Unidos.

Por la tarde charlé de nuevo con Fidel Castro. Dijo estar consciente de las condiciones climáticas adversas en la ruta de los balseros. Su gobierno había iniciado un intenso trabajo informativo para advertir a la población y frenar las salidas. Sin embargo, comentó que no era posible lanzar un anuncio terminante que pudiera interpretarse como un cambio de instrucciones a sus guardafronteras. De hecho, agregó, ya se observaba un descenso en el éxodo de migrantes, pues pocas personas estaban dispuestas a exponerse a un clima tan desfavorable. Asimismo, me aseguró que no tenía objeción en que los Estados Unidos fuera la sede de las conversaciones. Por otra parte, Fidel manifestó su sorpresa ante un reciente pronunciamiento de la procuradora de justicia de ese país. Según ella, Castro había puesto condiciones, frente a la inminencia de un encuentro bilateral, relacionadas con *el nivel* de los participantes. Deseaba que este punto se aclarara: él no había planteado ninguna exigencia respecto al *nivel* de los participantes de la delegación estadounidense: "Yo no he hablado de conversación de alto nivel con nadie, no he pronunciado esa palabra", sostuvo de manera enfática. "Sólo he pedido que los integrantes del grupo sean competentes y cuenten con la confianza plena de Clinton."

Más tarde hablé con García Márquez. Le comenté que Washington estaba de acuerdo con las observaciones del Comandante. Sin embargo, al gobierno estadounidense aún lo inquietaba una duda: cuando las condiciones meteorológicas mejoraran, ¿se reanudarían las salidas masivas? Pocas horas después, la televisión cubana difundió un comunicado de los guardafronteras locales: advertían que, dadas las adversas condiciones del clima, no era conveniente tratar de salir del país.

Se reúnen las delegaciones en Nueva York. García Márquez se encuentra con Clinton

El éxito de la intermediación era indudable: por fin había consenso para sentarse a dialogar. Los preparativos llevaron varios días. Finalmente, dieron inicio las reuniones en Nueva York, encabezadas por varias personalidades: el subsecretario Peter Tar-noff acompañado de Michael Skol, subdirector de la Dirección General de América Latina del departamento de Estado, por los Estados Unidos; por Cuba, Ricardo Alarcón, presidente de la Asamblea Nacional del Poder Popular de Cuba, máximo órgano legislativo de ese país, quien ya había participado en las negociaciones de 1984.

El sábado 27 de agosto por la tarde conversé de nuevo con Castro. Me dio una noticia que no dejó de sorprenderme: García Márquez cenaría el lunes 29 con Clinton. Yo le había hecho saber al presidente de los Estados Unidos que el escritor estaba al corriente de las gestiones para el diálogo. De acuerdo con la versión del Gabo, durante la cena Clinton no pronunció una sola palabra sobre Cuba, pues la situación era poco propicia, pero lo escuchó con gran atención. Con ese objeto, precisamente, lo había invitado. La exposición del colombiano fue muy clara y contribuyó a que Clinton entendiera mejor la postura cubana, el papel de Castro, su personalidad y su punto de vista sobre el temperamento de los estadounidenses. Para concluir, García Márquez le dijo a Clinton: "Trate de entenderse con Fidel, él tiene muy buen concepto de usted."

Las intentonas de James Carter

El 30 de agosto, mientras se desarrollaban las conversaciones formales en Nueva York, recibí una nueva llamada del presidente Clinton. Con cierta preocupación, me puso al tanto de una circunstancia imprevista: James Carter había tratado de establecer contacto con los cubanos. Agregó que no era la primera vez que el ex presidente asumía iniciativas de ese tipo: por esos días se arrogaba el derecho de entrometerse en las tensas negociaciones con el gobierno haitiano, como antes lo había hecho en Corea del Norte y Serbia. Faltaban unas cuantas semanas para que se celebraran elecciones en los Estados Unidos. El momento no podía ser menos oportuno para el envío de tropas a Haití, a pesar de que ante los electores se argumentó que un proyecto así debía entenderse como una apuesta a favor de la democracia y los derechos humanos. "La conducta de James Carter —señaló— pone en riesgo los equilibrios, de por sí débiles, de la zona del Caribe."

El Comandante debe saber, me dijo Clinton con notable seguridad, que usted representa el único conducto de comunicación entre nosotros. "Es preciso —añadió— que Castro tenga muy claro que las operaciones de Carter no están autorizadas por mi administración. Yo mismo le he pedido más de una vez a mi antecesor que se abstenga de entrar en contacto con los cubanos, para no complicar las delicadas negociaciones a punto de iniciar en Nueva York." Enseguida, Clinton volvió a confirmar que los Estados Unidos le otorgarían a Cuba por lo menos 20 mil visas al año. Finalmente, refrendó sus expectativas de que con el inicio del diálogo se concretara la posibilidad de establecer un control sobre la salida de balseros.

De inmediato le transmití estas noticias al presidente Castro. "Las 20 mil visas ofrecidas —me respondió el Comandante— son insuficientes, sobre todo si se toma en cuenta que en los últimos ocho años sólo se han otorgado 11 mil, lo que mantiene a 160 mil cubanos a la espera… Si acaso, alcanzan a paliar de manera momentánea el problema, pero no lo resuelven." Por otra parte, Castro me solicitó que le hiciera llegar a Clinton una noticia importante: dado el peligro que las malas condiciones climáticas representaba para los migrantes, su gobierno había decidido prohibir de manera tajante la salida de niños y adolescentes.

Clinton reconoce la calidad del equipo de negociadores cubanos

El jueves 1 de septiembre sostuve una nueva charla con Clinton. Estaba muy satisfecho luego del primer día de conversaciones. Elogió sobre todo la calidad del equipo negociador de Cuba, su experiencia y su ánimo constructivo. Me habló de nuevo del propósito de su administración de elevar el número de migrantes cubanos legales, siempre y cuando el gobierno de ese país se esmerara en ejercer un mayor control sobre el éxodo de balseros. De manera expresa, me pidió comunicarle a Castro con toda claridad que entendía sus dudas respecto a las posibilidades de que los Estados Unidos recibieran 20 mil migrantes legales al año, dada la severidad de las leyes estadounidenses sobre la materia. Sin embargo, los habitantes de la Isla debían estar seguros de que él cumpliría su compromiso. "Por cierto: yo no estaba enterado —agregó Clinton— de que en 1993 sólo ingresaron a mi país de manera legal sólo 3 mil migrantes cubanos y no los 20 mil prometidos." Por último, me habló una vez más de la importancia de que las autoridades de Cuba permitieran el regreso voluntario de los balseros que permanecían en Guantánamo.

Cuando lo puse al tanto de todo esto, Castro dejo ver su turbación y respondió: "Mucho me temo que en los Estados Unidos han decidido seguir la línea de poner en nuestras manos la solución a problemas que ellos han creado. Pareciera que, en el fondo, no tienen interés en que nuestras dificultades se resuelvan de verdad. Es como si, a fin de cuentas, apostaran a favor de que los conflictos sigan el mismo rumbo, que es el de persistir en las políticas que han propiciado esta situación. Su enfoque es superficial y por lo tanto no puede ser serio. Así —concluyó— no será posible encontrar una salida responsable y de fondo. Nada se logrará en realidad mientras no se analicen las condiciones económicas creadas por el bloqueo. Temo que nuestro punto de vista no se entienda."

Cuando concluyó, le comenté: "Clinton me ha dicho que entiende sus argumentos, Comandante. Sin embargo, insiste en la imposibilidad de emprender ciertas acciones por ahora, dada la compleja situación política interna que su gobierno enfrenta. Desde mi perspectiva, lo más importante por el momento es darle continuidad al diálogo." Castro no ocultó su profundo recelo. Me recordó que los cubanos enfrentaban una situación cada vez más difícil a causa del recrudecimiento del bloqueo y que, peor aún, los gobiernos de los Estados Unidos los habían engañado más de una vez. Su idea era luchar por una solución definitiva. "Comprendo las complicaciones de Clinton —comentó—, pero no puedo olvidarme de las contrariedades nuestras, del momento difícil que atravesamos, de la estrategia desplegada para destruirnos."

Castro ironiza y aclara las razones de su desconfianza

Con cierto sarcasmo, Castro añadió: "Me alegraría muchísimo que al presidente Clinton le llegaran las ideas que le permitieran comprender esta situación. Por lo que usted me dijo respecto a su desconocimiento de lo que venía pasando con el acuerdo existente, me doy cuenta de que entre tantos problemas y tantas actividades y tantas responsabilidades, no ha tenido la oportunidad de informarse de la realidad."

Le reiteré que percibía buena fe en Clinton. Y le insistí en que estábamos frente a una escalera con varios peldaños: lo importante era subir el primero, sentarse a conversar, aunque fuera sólo sobre el tema migratorio. "Si se muestra voluntad, con seguridad se darán las condiciones políticas necesarias para que, más adelante, se abra el diálogo a otros temas relevantes, como el bloqueo y su impacto en la economía."

Hubo un giro en el ánimo del Comandante. Comentó, en apoyo a mis reflexiones, que incluso la prensa estadounidense apuntaba ya la importancia de dialogar con Cuba sobre todos los temas. Esto era una prueba de la necesidad de aprovechar el momento y consolidar una mesa para el diálogo. Enseguida me preguntó si más adelante Clinton de verdad estaría dispuesto a ceder y hablar sobre otros asuntos. Las dudas, desde su perspectiva, eran más que fundadas: "No hay razones para estar seguros, porque nos han engañado más de una vez y en realidad sentimos una gran desconfianza." Más adelante se necesitaría "un eslabón, un engranaje", expresó Fidel, que permitiera vincular estas conversaciones sobre migración con otros asuntos apremiantes para Cuba, como el bloqueo y la situación económica. "Tenemos que apostar —agregó— por una solución categórica de los problemas, sin olvidar las complejas condiciones que enfrenta cada parte. Comprendo las dificultades que Clinton encara, pero no puedo olvidarme de las nuestras, del momento difícil que atravesamos. Los Estados Unidos nos han colocado en una situación extrema, de lucha por la supervivencia… Yo le digo esto a usted para que lo reflexione…"

"Gabo: te vas a arrepentir…"

Por esos días, Gabriel García Márquez volvió a Cuba acompañado del vocero de la Presidencia durante los últimos años de mi administración, José Carreño. La misión del escritor era hablarle a Castro de los resultados de la cena con Clinton. Asimismo, llevaba la encomienda de transmitirle de manera personal al Comandante algunos detalles de mis conversaciones recientes con el mandatario estadounidense. El 2 de septiembre, García Márquez salió de la Isla. Durante la entrevista con Fidel, además de abordar los asuntos mencionados, le pidió al presidente que gestionara la liberación de un escritor cubano, Norberto Fuentes, recientemente detenido por la policía de la Isla. Castro accedió a la petición, no sin antes advertirle a su amigo: "Gabo, te vas a arrepentir".

El lunes 5 de septiembre, durante un nuevo intercambio telefónico, Castro me comentó: "Se ha ido avanzando en las conversaciones; se ha dado un acercamiento de posiciones y la posibilidad de un acuerdo que satisfaga a ambas partes". Agregó que la posibilidad de un acuerdo tenía como base un documento elaborado por los propios estadounidenses, a partir de otro inicial presentado por los cubanos; había ya un proyecto de comunicado. "Sin embargo —señaló Fidel— existen dos puntos indispensables a considerar. Uno, incluido en nuestro proyecto, se refiere a las nuevas medidas dictadas el 20 de agosto: nosotros demandamos especificar en ese comunicado que en el futuro se eliminarán las cláusulas, agregadas por los Estados Unidos, en las que se prohíben los vuelos de fletamento, las llamadas telefónicas entre ambas naciones y la posibilidad de que los cubanos radicados en los Estados Unidos transfieran recursos a la Isla. Si ellos asumen este compromiso imprescindible se logrará una salida a la difícil situación."

Enseguida agregó: "Y el otro punto, ya que lo hemos molestado tanto, tiene que ver con su persona: es del todo necesaria alguna forma de promesa, de compromiso de Clinton con usted —fíjese, con usted— de que en algún momento los Estados Unidos han de reconocer que las principales causas que alientan el éxodo masivo son económicas y están relacionadas con el bloqueo." Castro sabía que era muy difícil introducir ese punto en las conversaciones formales en curso, incluso en un comunicado. Por eso agregó:

"Yo creo que hay una sola fórmula posible, y es que el presidente estadounidense le prometa a usted discutir en un momento determinado este problema. Ya que no sería posible poner esto en un papel, lo tenemos a usted. A nosotros nos bastaría que él le expresara su disposición a discutir en un futuro este problema… Voy a decirlo con estas palabras: usted sería el testigo clave del compromiso de ir al fondo de los problemas y dialogar sobre las causas reales que han provocado el éxodo masivo… Pero se trata de discutirlo pronto, no sé cuándo, pero no para las calendas griegas sino a la brevedad posible." Para finalizar, Castro subrayó que detener la emigración de los cubanos no era, en definitiva, un asunto sencillo.

La madrugada del día 6 de septiembre me llamó Abelardo Curbelo, embajador de Cuba en México. Me traía un mensaje escrito del Comandante. A las 8:30 de la mañana mi secretario privado, Justo Ceja, me lo entregó. La nota confirmaba los dos puntos tratados durante la conversación del día anterior y refrendaba la idea de amarrar con Clinton, en cuanto las condiciones

74

políticas fueran propicias, el compromiso de discutir el fondo de la crisis cubana: el bloqueo económico. Es preciso, agregaba Castro, que en un futuro próximo los Estados Unidos se sienten a dialogar de manera abierta sobre el tema, "tal como lo han solicitado cientos de editoriales y numerosas personalidades de ese país."

La reacción favorable de William Clinton

Esa misma mañana volví a comunicarme con Clinton. Me aguardaba una jornada intensa: una reunión de trabajo del consejo consultivo del programa Solidaridad; más tarde, una comida con los gobernadores del país y reuniones de trabajo bilaterales con algunos de ellos; por último, una reunión para analizar el avance de los diálogos para la paz en el estado de Chiapas.

No obstante, invertí en esa llamada toda la atención posible. De manera fiel, sin ningún añadido, le describí a Clinton los dos puntos señalados por Castro como "indispensables". Necesitaba meditarlo, me dijo, de modo que me llamaría más tarde. Lo hizo por la noche. "En Nueva York —me comentó— ya existen bases para alcanzar un arreglo." No obstante, agregó, él había anunciado desde el principio que durante aquellas conversaciones sólo se hablaría de migración, por lo que era del todo inviable incluir en el comunicado oficial cualquier referencia a las medidas promulgadas el 20 de agosto. Solicitaba entonces que en el documento por firmarse no se incluyera el primer punto, es decir, la exigencia cubana de eliminar las prohibiciones emitidas en esa fecha. Él mismo se encargaría, sin embargo, de que en 45 o 60 días se suprimieran esas restricciones. Le pedía a Fidel Castro que le diera una prueba de confianza y creyera en su palabra.

Respecto al segundo punto, el presidente estadounidense fue muy claro: no podía aceptar que las pláticas de Nueva York dieran la apariencia, frente a sus compatriotas y el mundo, de estar condicionadas por un tema distinto al de la migración. Clinton subrayó su temor a generar problemas a partir de una declaración pública que alterara el curso de las conversaciones. Sin embargo, de manera enfática quería participarle a Castro su completa disposición a sentarse en el futuro a intercambiar opiniones sobre todos los aspectos fundamentales de la relación bilateral. Ya se habían sostenido charlas similares en el pasado y no veía ninguna razón para que no pudieran repetirse. En ese diálogo por venir, cada una de las dos partes presentaría los diferentes asuntos a tratar. "Deseo que Fidel Castro sepa que estoy abierto a conversar, no sólo sobre estos dos temas sino acerca de otros adicionales —agregó—. Quiero que el presidente cubano esté al tanto de mi ofrecimiento, para que su país y los Estados Unidos puedan llegar a un acuerdo positivo en las negociaciones de Nueva York."

Castro reflexiona sobre la respuesta de Clinton

Eran alrededor de las 9 de la noche del 6 de septiembre. De inmediato me comuniqué con Castro. Lo puse al tanto de las palabras de Clinton. Le comenté, como lo hice antes con el presidente de los Estados Unidos, que durante aquellos intercambios me había concretado a reproducir las expresiones de cada uno de los interlocutores. "En ningún momento —subrayé— he añadido nada." Le hice ver que había tomado notas por escrito de estas conversaciones para luego transmitirlas de manera puntual.

"La promesa de Clinton —le comenté luego— me pareció sincera. Desde mi punto de vista se puede creer en sus palabras." Al Comandante le preocupaba una sola cosa: "Yo me quedo con un poco de duda —expuso— en lo que se refiere a las *otras cosas* que Clinton pondría sobre el tapete. ¿Cuáles podrían ser esas *otras cosas*? Es una expresión tan amplia… Me inquieta que los estadounidenses pretendan incluir cuestiones relativas a la independencia y la soberanía del país." Entendí su recelo. Le respondí que en cualquier diálogo o negociación, ni los mexicanos ni los cubanos aceptaríamos que alguien pretendiera comprometer nuestra soberanía. Y agregué: "Si algo así ocurriera, nosotros, lo mismo que ustedes, abandonaríamos la mesa." Mi comentario tranquilizó a Fidel. Con voz pausada señaló: "Aquí no estamos ante algo escrito, sino ante algo dicho, frente a las palabras. Pero tratándose de las personas involucradas, esto tiene tanta validez como cualquier documento escrito y firmado… Usted, señor presidente, es el depositario de nuestra confianza. Qué bueno que tome nota de todo, no sólo con vista a los problemas de ahora sino con la mirada puesta en la historia. Para los cubanos el testimonio suyo es de una enorme importancia, por lo cual le vamos a desear más salud que nunca…" Sin embargo, agregó que deseaba meditar el ofrecimiento de Clinton. Se despidió luego de asegurarme que llamaría más tarde.

Fidel acepta la propuesta

Pasadas las 11 de la noche del 6 de septiembre, Fidel Castro llamó de nuevo: "Presidente Salinas: voy a hablarle muy despacio para que usted pueda tomar nota, como me aseguró que lo hace, de mi respuesta al ofrecimiento del presidente Clinton. Y mi contestación es que aceptamos lo que propone y confiamos en su palabra."

De inmediato agregó: "Es todo el mensaje." Para terminar, me hizo saber que al día siguiente traería a los representantes cubanos de regreso a la Isla, y de manera personal se haría cargo de darles las instrucciones pertinentes. "La delegación —aseguró— estará de regreso en Nueva York el jueves 8 de septiembre. Considero que la negociación quedará cerrada a más tardar el viernes 9." Al despedirse, me expresó de manera sencilla y cálida: "Presidente Salinas, gracias por la forma tan precisa y honesta en la que usted ha intercedido en este intercambio. Espero que continúe siendo nuestro puente de enlace y que no se rompa la comunicación hasta que todo esto haya concluido."

Clinton celebra el resultado

Cuando colgué era ya la medianoche. De inmediato le telefoneé a Jorge Montaño, embajador de nuestro país en Washington. Le solicité que anunciara a la Casa Blanca que el presidente de México tenía urgencia de hablar con Clinton. A pesar de la hora, unos minutos más tarde recibí la llamada del presidente de los Estados Unidos. Le transmití de manera escrupulosa el mensaje de Fidel Castro. "Gracias, gracias, muchas gracias. Gracias, Carlos", respondió sin ocultar su emoción.

La mañana del jueves 8, antes de partir a Panamá y Brasil a la reunión del Grupo de Río, recibí al embajador de Cuba en México, Abelardo Curbelo. Me entregó el proyecto de comunicado que enviaba el jefe de la delegación de los Estados Unidos en Nueva York. Lo acompañaba un mensaje personal del Comandante: "Este proyecto, que hemos analizado en detalle con el compañero Ricardo Alarcón, es aceptable para los cubanos, tomando en cuenta las valiosas conversaciones sostenidas con usted los días 5 y 6 de septiembre... Por lo tanto, se puede contar ya con nuestra conformidad y así se lo puede informar al presidente Clinton." La nota de Fidel agregaba que sólo era necesario incluir algunos aspectos de carácter técnico sobre migración, así como ciertos detalles relativos al personal de ambas secciones de intereses (las oficinas de representación de Cuba en los Estados Unidos y a la inversa, dada la ausencia de relaciones diplomáticas entre los dos países).

Castro estimaba, sin embargo, que no habría problema para la firma por parte de las delegaciones, "lo cual puede ocurrir el viernes si Alarcón y su aeronave alquilada alcanzan a regresar sanos y salvos a Nueva York hoy jueves". Agregó que ya estaban en preparación las medidas para realizar la complicada tarea de frenar a la brevedad las salidas masivas de balseros. Confiaba en que sería posible lograrlo "de forma eficiente y humana", a través de métodos persuasivos y sólo de manera excepcional por la fuerza. "La suscripción del acuerdo, el número de visas que se señalan en el mismo y las demás medidas pactadas para desalentar la migración ilegal, nos ayudarán sin duda. Cuando el fondo de la cuestión se resuelva, todo será menos complicado."

Firma de los acuerdos

El viernes 9 de septiembre las cadenas internacionales de noticias informaron que las pláticas habían concluido: Cuba y los Estados Unidos habían alcanzado un consenso en Nueva York. El problema de los balseros y la posibilidad de una crisis mayúscula entre los dos países llegaban a su fin.

En mi cuaderno de notas apunté:

Hoy, 10 de septiembre, en el vuelo de Río de Janeiro a México, espero que una vez ascendido el primer peldaño, pueda darse el siguiente paso para restablecer las relaciones entre Cuba y los Estados Unidos, sin que ninguno de estos países le dé la espalda a su vida soberana y por el camino de la justicia, la libertad y la democracia.

Esto mismo afirmé, sin traicionar la confianza de mis interlocutores, en la reunión del Grupo de Río. El presidente de Argentina no entendió mi mensaje y exigió de manera agresiva que México se uniera a la solicitud de lanzar una condena contra Cuba, lo que sólo hubiera tensado el diálogo y entorpecido la feliz conclusión de las negociaciones en Nueva York.

El sábado 17 de septiembre, el ex presidente Carter y dos miembros de la administración Clinton arribaron a Puerto Príncipe, la capital de Haití, para convencer a sus gobernantes de que abandonaran el país. Mientras intentaban persuadirlos, las tropas de los Estados Unidos concluían sus preparativos para volar esa misma noche a Haití. Los estadounidenses habían preparado fríamente la invasión. En la tarde, con los aviones de asalto ya en el aire, los funcionarios haitianos accedieron a salir. La crisis en ese país también había concluido.

Una carta inusitada de Fidel Castro

En los días siguientes, mantuve la comunicación con los presidentes Clinton y Castro. El 22 de septiembre, el Comandante me envió una carta:

Querido amigo:

Leí por cable internacional que usted se reunirá con Bill Clinton el lunes y que uno de los temas a tratar es Cuba.

Sé que usted tiene mil y un temas de interés mexicano e incluso personal que abordar con él. Pero cuánto me alegra esa posibilidad de contactar con Clinton en este oportuno instante.

Tengo la seguridad de que usted no olvidará nunca nuestras históricas comunicaciones en aquellos días dramáticos. Las llamo históricas porque para Cuba y su futuro lo son. Igualmente, los califico de dramáticos porque así lo fueron, ya que en ese delicado y complejo intercambio estaban en juego la existencia de nuestro país y tal vez la vida de no se sabe cuántos compatriotas decididos a defenderlo...

Le ruego me crea que en esos días lo pude conocer mucho mejor a usted: su inteligencia, su precisión, su eficiencia, su seriedad. Como ya le dije, sin su participación no habría sido posible el acuerdo. No quise pedir garantías adicionales porque no deseaba realmente poner en duda la honorabilidad de Clinton, y sobre todo porque lo teníamos a usted como garante, y eso era para nosotros lo esencial. Los intercambios de opiniones fueron rápidos y también las respuestas. Por nuestra parte, hemos mantenido absoluta discreción. Sé que usted ni siquiera a su ministro de Relaciones Exteriores informó de las conversaciones. Yo, por otro lado, he sostenido pláticas con varias personalidades estadounidenses que nos han visitado, y no he pronunciado una sola palabra sobre el tema. A nuestra opinión pública sólo le hemos informado acerca de lo tratado en Nueva York, aunque ello no fue tarea fácil. Era necesario extremar la discreción. Pienso que lo hemos logrado. Que la historia se encargue de consignarlo todo. Gabo, por fortuna, tal vez sea el más excepcional e informado testigo de nuestro trabajo. Cuán sabio fue de su parte involucrarlo en todo esto.

Quizás ahora se abre una nueva página. De usted va a depender mucho. Es necesario que Clinton haga realidad en el plazo prometido sus promesas en relación con las medidas del 20 de agosto, que ello no se dilate un día más y se incluyan todas y cada una de las propuestas originales, ni una más ni una menos, tal como se expresaba claramente en el párrafo que eliminamos del comunicado de Nueva York, a solicitud de Clinton. Después es necesario un encuentro, "que no sea para las calendas griegas", como le dije entonces, para ir al fondo del conflicto que provoca el éxodo masivo. Esto realmente iniciaría una nueva etapa en las relaciones Estados Unidos/Cuba, tan conveniente para todos en este hemisferio. Es lo que ahora esperamos de los intercambios que sostuvimos y de los compromisos adquiridos.

No nos gustó, se lo digo con toda franqueza, la declaración de Río. "Es una descarada intervención en los asuntos internos de Cuba y una traición", le dije en su momento a su canciller de Relaciones, Carlos Tello. Él nos habló, y nosotros ya estábamos al tanto, del arduo y constructivo trabajo que usted y el presidente de Brasil, Franco Itamar, realizaron. También nos entregó una copia de sus nobles y valientes palabras. Nos dolió mucho, muchísimo, el momento en que esa declaración se produjo. Por ese turbio y cobarde camino nada se alcanzará jamás de nosotros.

Debo añadirle, para finalizar, que estamos cumpliendo rigurosamente nuestros compromisos. Como le expresé en mi última comunicación que esperábamos hacerlo, se logró detener las salidas masivas sin uso de la fuerza, sin violencia, sin armas, sin una sola gota de sangre. Contamos con el respeto y la autoridad de la

Revolución aun ante sus propios adversarios; contamos incluso con el apoyo de quienes, ante la dura situación del país, se ven movidos a emigrar de esta plaza sitiada, hostigada y amenazada que es Cuba.

La normalización de las relaciones entre los Estados Unidos y Cuba es la única alternativa. Un bloqueo naval no resolvería nada; una bomba atómica, para hablar en lenguaje figurado, tampoco. Hacer estallar a nuestro país, como se ha pretendido y todavía se pretende, no beneficiaría en nada los intereses de los Estados Unidos. Lo haría ingobernable por cien años y la lucha no terminaría nunca. Sólo la Revolución puede hacer viable el futuro de Cuba. Ojalá usted pueda convencer a Clinton, nuestro ya casi común amigo, de estas verdades, en el breve tiempo de que disponga para ello durante su encuentro.

No olvidaré nunca sus diáfanas y categóricas palabras cuando le expresé mi temor de que alguien intentara inmiscuirse en cuestiones que atañen exclusivamente a la independencia y soberanía de Cuba: "Usted tiene la fórmula, no lo acepte", me dijo entonces.

Le deseo éxitos en todo, querido amigo, y le envío un fuerte abrazo.

Septiembre: encuentro con Clinton en la ONU

El lunes 26 de septiembre me reuní con el presidente Clinton en Nueva York. Me había trasladado a esa ciudad el día anterior para asistir a una cena organizada por el Consejo de las Américas en el Museo Metropolitano. Durante el convivio, William Luers, presidente del museo, evocó el éxito de la extraordinaria exposición "México, esplendor de 30 siglos", promovida por el gobierno a mi cargo. Y que por cierto contó con un ensayo extraordinario de Octavio Paz. Por su parte, David Rockefeller expresó su reconocimiento a los avances logrados por mi administración. La mañana siguiente me reuní con el secretario general de la ONU y con Shimon Peres, ministro de Relaciones Exteriores de Israel. Más tarde pronuncié un mensaje ante la Asamblea Anual de las Naciones Unidas.

La reunión con Clinton tuvo lugar en su suite del hotel Waldorf Astoria. Ahí, el mandatario estadounidense refrendó su compromiso con Cuba. De manera cordial, me solicitó que continuara contribuyendo a la comunicación con Castro. Según anoté ese día, Clinton agregó a sus promesas la de resolver el problema de la comunicación telefónica con Cuba "antes de la elección de noviembre". Ésta no era una solicitud de los cubanos, pero al parecer diversos grupos de estadounidenses estaban muy interesados en la iniciativa. Sin duda representaba mucho para numerosas familias de origen cubano, cuyos miembros habían sido separados por las complejas circunstancias que trajo consigo el triunfo de la Revolución. De llevarse a cabo, la medida les facilitaría la posibilidad de estar en contacto.

Por otra parte, durante el encuentro Clinton me habló de la importancia de que Cuba profundizara en su proyecto de gestionar reformas en materia agrícola. Le parecía muy alentador observar la libertad con la que los mercados campesinos empezaban a desarrollarse en la Isla. Ésta era la primera vez que los políticos demócratas estadounidenses de origen cubano reaccionaban de manera positiva ante un cambio promovido por el gobierno de Cuba. Clinton empleó una frase significativa para expresar su satisfacción: "¡Estamos negociando sin negociar!"

Castro ante la Cumbre de Miami

Luego, el presidente de los Estados Unidos abordó con visible interés otro tema espinoso. Para el próximo diciembre todos los jefes de Estado de América Latina y el Caribe, con excepción de Castro, estaban convocados a la Primera Cumbre de las Américas en Miami. Clinton deseaba obtener apoyo para que la reunión no se "cubanizara", es decir, para que los acontecimientos en Cuba no convirtieran la Cumbre en un debate sobre las relaciones con la Isla, o en un conflicto con la comunidad cubanoamericana de Miami. "Mucha gente en Florida piensa que ha llegado el momento de revisar nuestras políticas relacionadas con Cuba", agregó en tono positivo. Enseguida, lanzó una pregunta que sin duda estaba en el aire y que inquietaba a muchos: "¿Qué hacer con los cubanos que permanecen en Guantánamo?" Para terminar, me dejó ver que en sus tiempos políticos se avistaban tres momentos decisivos: el periodo previo a la elección del Congreso en noviembre, la elección misma y la Cumbre. Nos despedimos de manera cordial y con expresiones de esperanza.

Regresé muy animado a la Ciudad de México. No faltaban razones. Clinton me había confirmado de manera personal y sin rodeos su plena disposición a cumplir con lo prometido. La recepción en la Organización de las Naciones Unidas, de grandes repercusiones a nivel internacional, debía leerse como un reconocimiento para México. Poco antes, por cierto, esta instancia, una de las más influyentes y respetadas a nivel mundial, elaboró un reporte sobre la elección presidencial en nuestro país, realizada en agosto; ahí se destacaron los avances en materia electoral que permitieron el desarrollo de una jornada plenamente democrática; en particular, la ONU elogió la ciudadanización del proceso (realizado bajo el control y la supervisión de miles de miembros de la sociedad civil), la entrega de más de 45 millones de credenciales con fotografía para votar, así como la participación, por primera vez en México, de observadores electorales.

Días antes, y en relación con este mismo tema, tuve un cordial encuentro con Warren Mitofsky, con quien comenté la notable precisión de sus encuestas de salida, las cuales nos permitieron anunciar resultados la misma noche de los comicios. Mitofsky celebró también la decisión del Congreso mexicano de conservar las actas de cómputo de las 55 mil casillas electorales de la controvertida elección presidencial de 1988, y depositarlas en el Archivo General de la Nación, donde aún se conservan. Casi diez años después, en 2008, volví a encontrarme con Warren en la Ciudad de México. En esa oportunidad me comentó lo mucho que se había preocupado luego del proceso electoral del año 2000, cuando el gobierno del mandatario saliente estuvo a punto de arruinar los avances democráticos alcanzados antes, al apoyar con dinero ilegal (más de 100 millones de dólares provenientes de Pemex) al candidato del PRI. Para Mitofsky, aquella elección de la alternancia sólo pudo salvarse gracias a que la ganó el candidato del partido opositor, el PAN.

Pero de vuelta al año 1994 y al recuento de los motivos para sentirme satisfecho luego de mi vista a Nueva York, debo también ponderar la actitud tan positiva hacia México que pude percibir en esa ciudad extraordinaria. No era para menos: el Tratado de Libre Comercio de América del Norte (TLC, o NAFTA, por sus siglas en inglés) había arrancado con el pie derecho, lo que abría la posibilidad de que nuestro país tuviera acceso a un crecimiento económico alto y sostenido. En el ámbito local asomaban noticias halagüeñas: el conflicto con la guerrilla en Chiapas tomaba cauces pacíficos, mediante propuestas pactadas con el grupo beligerante;

todo parecía encaminarse hacia la solución de las justas demandas de los indígenas.

Por desgracia, el panorama se ensombreció unas horas después de mi llegada: uno de mis aliados políticos más importantes había sido asesinado en la Ciudad de México. La tragedia me golpeó por partida doble, pues la víctima, José Francisco Ruiz Massieu, era mi ex cuñado y el padre de mis sobrinas Claudia y Daniela. El hecho venía a corroborar la acechanza de intereses que buscaban obstaculizar a toda costa el desarrollo del país.

El 30 de septiembre hablé con Castro. Le describí con detalle la exitosa reunión con Clinton y el refrendo decidido de sus compromisos. Cuando le mencioné la preocupación del presidente estadounidense respecto a la reunión de Miami, Castro reaccionó de una manera sin duda comprensible: "En este momento exacto no entiendo bien qué es lo que preocupa allí, ni en qué sentido podríamos nosotros influir en esa situación", comentó con cierta sorpresa. Le ofrecí pedirle a Clinton que fuera más directo a la hora de plantear lo que el gobierno cubano podía aportar para impedir el estallido de un conflicto durante la Cumbre.

Complicaciones en Guantánamo

Cuando le hablé de la inquietud de Clinton respecto a los cubanos que permanecían en Guantánamo, Fidel señaló que éstos se oponían a dejar la base debido a la existencia de campos minados en las proximidades, donde de hecho ya habían ocurrido un par de accidentes a pesar de los esfuerzos de sus guardafronteras. Según Castro era necesario verificar y cotejar el número de los que buscaban salir y el de aquellos que deseaban regresar. "Siempre será preferible la vía normal y no la vía irregular." Propuso que ambos problemas se analizaran de forma paralela, con la intención de encontrar una solución mediante el diálogo. "Es un asunto complejo, pero en este clima positivo sí es posible resolverlo", concluyó.

Octubre: intercambio epistolar con el Comandante

El 16 de octubre recibí una carta de Castro. Me expresaba sobre todo su interés en que nos mantuviéramos en contacto. El 18 de octubre le respondí:

> A través de la presente, quiero ratificarle que los compromisos verbales que el presidente de los Estados Unidos estableció conmigo respecto a Cuba son claros y soy garante de su cumplimiento. Luego de llegar a un primer acuerdo sobre migración y de comprometer a Clinton en acciones antes impensables (como la de abordar en el futuro, sin restricciones, todos los temas relacionados con las relaciones bilaterales Cuba-Estados Unidos), se confirma un panorama positivo.

Y un par de párrafos más adelante agregué:

> Anexo a la presente un amplio ensayo histórico sobre la relación entre México y Cuba, que abarca aproximadamente 500 años. Lo incluyo para confirmar que los intereses que me han movido a participar y actuar tienen que ver con el respeto que usted, la Revolución y el pueblo cubanos me inspiran. México y Cuba comparten un mismo afán por la independencia y la soberanía;

nos une además una honda preocupación por la seguridad y el bienestar de ambas naciones. Nuestros pueblos nos han hecho responsables de sus vidas y su dignidad. Estos proyectos comunes son vitales para México y para Cuba. Y la prueba de esta responsabilidad compartida es que algunos momentos decisivos en la vida de los cubanos se iniciaron en México, de la misma forma que varios acontecimientos trascendentes para la vida de mi patria comenzaron en Cuba. Puede usted estar seguro de que mi compromiso en este asunto no responde a una política contingente: refleja la responsabilidad que cualquier autoridad de la nación mexicana siente de salvaguardar los intereses de los cubanos.

El 19 de octubre el presidente Clinton me hizo saber que su administración no cesaba de trabajar en el tema de las comunicaciones telefónicas entre los Estados Unidos y Cuba. Los puntos relativos a la posibilidad de viajar desde la isla hacia territorio estadounidense se revisarían después de la elección, tal y como lo había planteado en conversaciones previas.

Noviembre de 1994: descalabro electoral de Clinton

El 8 de noviembre de 1994 hubo elecciones en los Estados Unidos. Los resultados representaron un desastre político para el presidente Clinton y para el Partido Demócrata. Los republicanos recuperaron la mayoría en el Senado; por primera vez en más de dos décadas, ganaron la mayoría de las gubernaturas en juego; además, lograron el control de la Cámara de Representantes por primera ocasión en cuarenta años. Sin embargo, Clinton podía estar seguro de que esta vez, a diferencia de lo ocurrido en 1980, cuando era gobernador de Arkansas, los asuntos relacionados con Cuba no habían influido para nada en el resultado electoral.

El 15 de noviembre estuve en Bogor, la "Ciudad del gran jardín", en Indonesia. Viajé a este lugar extraordinario para participar en la reunión del Foro de Cooperación Económica Asia-Pacífico (APEC, por sus siglas en inglés). La visita duró unas cuantas horas. Ahí se acordó constituir un área de libre comercio para el año 2020. Además de los mandatarios de China, Japón, Corea y Australia, entre otros, asistió también el presidente Clinton. Como todos los invitados, ambos participamos vestidos con la colorida y tradicional prenda llamada *batik*. Clinton lucía aún muy afligido por los desfavorables resultados electorales. Platiqué en privado con él. Durante la charla me pidió una vez más que lo ayudara a conocer la posición del Comandante respecto a los cubanos estacionados en Guantánamo.

El tema Guantánamo se complica

El lunes 21 de noviembre le hablé de nuevo a Castro sobre esta reiterada inquietud de Clinton. Lo primero que respondió fue que el caso no podía resolverse de manera unilateral. "Debemos actuar de común acuerdo", insistió con ánimo de no contrariar lo acordado en Nueva York. Al presidente cubano le molestaba que las noticias sobre lo que ahí pasaba le llegaran a través de la prensa. Ahora que las conocía por mi conducto pedía intercambiar ideas sobre el tema. Invocó motivos humanitarios para explicar la tardanza en resolver el problema. En su opinión debía evitarse que el asunto propiciara una reacción masiva, que a su vez se convirtiera en un estímulo para las salidas ilegales.

El Comandante agregó dos consideraciones de interés. La primera relativa a "una situación desagradable en Guantánamo". "Allí las autoridades —dijo— han separado a las personas dispuestas a volver de manera voluntaria, las han ubicado en un campamento cercano a la línea divisoria y muchas han venido escapando desde ese punto." La segunda abordaba un hecho espinoso: "Lo peor de esto es que un oficial estadounidense emplazado ahí, declaró que la intención al ubicar el campamento en ese sitio era facilitar la fuga de aquella gente hacia territorio nuestro… No es serio eso, no se ajusta al espíritu constructivo y a la sensatez con la que hemos abordado todos estos problemas… En los últimos dos días han salido más de 160 personas, y lo han hecho por los campos de minas, obligando a nuestra gente a hacer un esfuerzo colosal. ¡De milagro no se han producido otros accidentes graves en ese lugar! Han regresado a través de los campos de minas más de 500 personas… Es un éxodo al revés."

Para finalizar, me dijo: "De nuestro asunto esencial no hay noticia. Han pasado los 45 días, han pasado 60, han transcurrido dos meses y medio y no hay noticias. Sería bueno, de alguna forma, recordarle a Clinton este asunto, aunque yo comprendo las dificultades que ha tenido luego de los resultados del proceso electoral. Yo tomo en cuenta esa circunstancia y por eso no hemos insistido, hemos estado a la espera, confiando, desde luego, en lo que se ofreció. Pero sería bueno revivir el tema; no dejemos pasar el tiempo de manera indefinida sin abordarlo".

Noviembre de 1994. Una jornada intensa

Días después, el 30 de noviembre, el presidente Castro viajó a México. También llegó a nuestro país el vicepresidente de los

Estados Unidos, Al Gore. Ambos acudieron a la toma de posesión del nuevo presidente de México, Ernesto Zedillo.

La intensa gestión para mantener el diálogo Clinton/Castro en clave mexicana nunca fue un pretexto para descuidar siquiera un minuto los asuntos locales en las últimas horas de mi administración.

El día anterior a la llegada de Fidel Castro y Al Gore, luego de desayunar en la Ciudad de México con el pleno de los ministros de la Suprema Corte de Justicia de la Nación, me trasladé a San Juan Teotihuacan, donde inauguré el nuevo museo de sitio, como parte de la rehabilitación y rescate de 14 zonas arqueológicas del país. Desde ahí acudí a la vieja refinería de Azcapotzalco, clausurada en 1991 con el objetivo de mejorar la calidad del aire en la Ciudad de México; en ese lugar proyecté la creación de un nuevo parque ecológico. Luego viajé a Oaxaca para inaugurar la nueva supercarretera entre esa importante ciudad y la capital de la República, obra esperada durante varias décadas. Después asistí al acto organizado para entregar a los oaxaqueños el ex convento de Santo Domingo, donde se estableció un excepcional museo de historia. Más tarde volé a Reynosa, Tamaulipas, en el noreste del país, donde puse en marcha el nuevo Hospital General. Llegué a pernoctar a Monterrey, Nuevo León. Ahí mismo, por la mañana, inauguré el Museo de Historia de México, la nueva Biblioteca, un flamante Hospital General y la ampliación del Metro de la ciudad.

Al día siguiente, último de mi gobierno, volé de regreso a la Ciudad de México. En Chalco, donde nació el programa Solidaridad, verifiqué los avances alcanzados a través de una labor colectiva: 60 mil escrituras para regularizar la propiedad de miles de casas; introducción de 86 mil tomas de agua potable, así como trabajos de pavimentación y banquetas en la mayoría de las calles.

Los habitantes del lugar se organizaron con los trabajadores del sindicato de electricistas para llevar energía eléctrica a más de 50 mil viviendas y colocar en las calles 5 mil luminarias. Asimismo, contribuyeron a edificar nueve escuelas de preescolar, diez de educación primaria, cuatro secundarias y cuatro técnicas. En colaboración con los colonos se echaron a andar seis centros de salud y un hospital general, al tiempo que se rehabilitaron 30 mercados públicos. Los jóvenes ayudaron a plantar casi 250 mil árboles y apoyaron la construcción de una unidad deportiva y 40 canchas. El sitio, ejemplo de organización comunitaria, se transformó en Municipio. Sus habitantes decidieron bautizarlo con un nombre emblemático: Valle de Chalco-Solidaridad. Aquel acto se llevó a cabo en medio de un gran entusiasmo y una notable participación popular.

Más tarde, en el Palacio de los Deportes de la Ciudad de México, entregué anteojos nuevos a más de 20 mil niños. Finalmente, asistí a la inauguración del Hospital Infantil de México, obra que me permitió consumar una promesa que otro presidente, Adolfo Ruiz Cortines, había hecho casi cuatro décadas atrás.

30 de noviembre de 1994: Castro y Al Gore se encuentran... sin saludarse

Me trasladé a la biblioteca de mi casa, en Tlalpan, al sur de la Ciudad de México, donde llevé a cabo tres actividades: a las 14:30 horas, una comida con Felipe González, el presidente de España; más tarde, a las 16:30, un encuentro con Al Gore; finalmente, a las 17:30, una nueva entrevista con el presidente Fidel Castro.

Durante nuestra entrevista, Gore me escuchó con especial atención, dejando ver una gran capacidad para comprender los asuntos más complejos y relevantes. Al final, me habló de las dificultades políticas que enfrentaba su gobierno para llevar a cabo los acuerdos pactados con Cuba.

Más tarde, durante la tercera cita del día, el presidente Castro y yo intentamos hacer un recuento de los compromisos cumplidos; el Comandante no dejó de mostrar su mortificación ante la falta de avances, aunque reiteró que comprendía la circunstancia política de Clinton. A unos metros, mis hijos Cecilia, Emiliano y Juan Cristóbal aguardaban entusiasmados la oportunidad de pasar a conocer a Fidel. Castro fue especialmente generoso y gentil a la hora de saludarlos. Habíamos preestablecido un orden para coordinar el arribo y la salida del Comandante y de Al Gore, y de esa manera impedir que coincidieran en la sala donde se realizaba el encuentro.

Esa noche ofrecí una cena en el Centro Nacional de las Artes, a la que acudieron todos los dignatarios convocados a presenciar el cambio de poderes. El CNA era un nuevo complejo arquitectónico inaugurado unos días antes. Los jefes de Estado se admiraron ante la belleza y amplitud del lugar, con espacios para la Danza, el Teatro y las Artes Plásticas, un nuevo Conservatorio de Música y una imponente Biblioteca. El conjunto es obra de los arquitectos mexicanos Ricardo Legorreta, Noé Castro, Teodoro González de León, Enrique Norten, Luis Vicente Flores, Javier Calleja, Alfonso López Baz y Javier Sordo Madaleno.

Antes de que los invitados pasaran a ocupar sus lugares, el vicepresidente Gore se me acercó para solicitar, con la mayor discreción posible, que su lugar en la mesa principal no estuviera muy cercano al de Castro, pues temía que la prensa especulara sobre un posible acuerdo entre ellos. Atendí su petición y el evento transcurrió sin incidentes que dieran pie a conjeturas mediáticas.

Otros momentos peliagudos: Bush y Fidel Castro

Los encuentros de este tipo no eran una novedad en la relación entre los Estados Unidos y Cuba. En junio de 1992 se celebró la llamada Cumbre de la Tierra, en Río de Janeiro. Convocada por la ONU, reunió a más de un centenar de jefes de Estado y de gobierno para asumir compromisos específicos a favor del desarrollo sustentable. Ahí se firmó la Convención de Cambio Climático y la Convención de Diversidad Biológica. Hasta esa ciudad del Brasil llegaron George H. W. Bush y Fidel Castro. En la sesión plenaria del 12 de junio, los mandatarios participantes tuvieron un tiempo máximo de siete minutos para desarrollar sus respectivos temas. Eso le dio agilidad a un acto de relevancia internacional: casi 10 mil corresponsales de todo el mundo cubrieron los incidentes de la reunión.

En la sesión matutina le tocó intervenir al Comandante. Según una crónica muy puntual, el presidente Bush, "con los audífonos puestos, escuchaba, comentaba y volvía a escuchar a Fidel".[1] Castro atribuyó las causas del desastre ecológico mundial a los excesos de las sociedades de consumo, sobre todo en las metrópolis coloniales. Al final, Bush aplaudió de manera caballerosa.

En la sesión vespertina el primer orador fue Bush. Castro escuchó desde su asiento la severa disertación del mandatario estadounidense, quien con notable firmeza señaló a los regímenes comunistas como los depredadores del pasado. Una nota periodística reportó: "Esta vez fue Fidel quien usó los audífonos, no para escuchar la traducción de las palabras de Bush, pues Cas-

---

[1] Joaquín López-Dóriga, *Crónicas del Poder*, México, Rayuela Editores, 1994, p. 360.

tro habla inglés, sino para que no quedara duda: estaba atendiendo…"[2] Le tocó al Comandante devolver la cortesía y aplaudir al final del discurso.

Al final de sus respectivas intervenciones, Bush y Fidel se vieron obligados a pasar cada uno cerca del otro de camino a sus asientos, pero no hubo intercambio alguno, ni de saludos ni de miradas: la lejanía fue inversamente proporcional a la fortuita proximidad física.

"Presidente Bush, hable con Castro": Gorbachov

Este encuentro/desencuentro Bush-Castro en Brasil pudo haber sido distinto. Un hecho previo estuvo a punto de modificar los términos de la relación. Apenas concluida la Guerra Fría, el presidente Bush se reunió con su homólogo de la Unión Soviética, Mijaíl Gorbachov. El encuentro se dio durante la Cumbre de Malta, celebrada el 2 y 3 de diciembre de 1989 para formalizar el término de aquella etapa de terribles tensiones internacionales. Como es lógico, Cuba figuraba entre las prioridades contempladas para enfrentar los nuevos tiempos. Durante la conversación privada entre ambos dirigentes Castro fue un tema crucial. Así lo asienta Bush en sus memorias: "Yo presenté los problemas más preocupantes… Planteé el tema de América Central, el que generaba más controversia entre los Estados Unidos y la Unión Soviética. 'Cuba es el asunto más conflictivo en una relación que avanza en la dirección correcta', le dije… Gorbachov respondió: 'Fidel Castro surgió sin ninguna asistencia de nuestra parte. Nadie le pue-

---

[2] *Ibid.*

de dar órdenes a Castro, absolutamente nadie. Él tiene sus propias ideas sobre la Perestroika y opina lo que quiere'."[3]

Lo que siguió fue igual de significativo. Bush añadió: "Gorbachov me insistió con firmeza en que conversara con Castro. 'Mis diálogos con Cuba no fueron sencillos', me dijo. 'Castro mostró cautela —continuó el mandatario ruso— ante nuestras reformas. Yo le expliqué que nuestros propósitos eran buenos... Él me pidió, en efecto, que ayudara a normalizar las relaciones Cuba-EUA... Esto lo cuento por primera vez y de la manera más confidencial'."[4] Por desgracia, nunca fructificó este intento del presidente de Rusia de propiciar el diálogo entre Castro y Bush.

De esos encuentros memorables en el barco de guerra soviético *Máximo Gorky*, Bush recogió también una turbadora afirmación de Gorbachov: los sandinistas, dijo este último, "no tienen nada que ver con el marxismo". El presidente de los Estados Unidos no pudo sino coincidir.

Durante los preparativos de la reunión celebrada para pactar los términos del fin de la Guerra Fría y abrir paso a la reducción de armas nucleares, ocurrieron dos hechos significativos. El primero lo registra Bush, quien en sus memorias anota acerca de Margaret Thatcher, primera ministro del Reino Unido: "Me visitó en Camp David, donde expresó su negativa a considerar cualquier reducción a los gastos de defensa."[5] Ahí se canceló la posibilidad de ganancia económica que algunos esperaban al término de aquella guerra. El segundo lo recoge el coautor de esas mismas memorias, Brent Scowcroft, e involucra al entonces secretario de

---

[3] George Bush, Brent Scowcroft, *A World Transformed*, Nueva York, Knopf, 1998, pp. 163-165.

[4] *Ibid*, p. 165.

[5] *Ibid*, p. 159.

Defensa estadounidense, Dick Cheney, de quien afirma: "Tenía una actitud negativa. Consideraba que era prematuro relajar el tipo de presiones ejercidas durante la guerra fría." Según Scowcroft, el mismo Cheney formuló así el motivo de sus reticencias: "El sistema soviético está en problemas y debemos darle continuidad a la política de línea dura que nos ha traído a este punto favorable. ¿Por qué renunciar a lo que da pruebas de ser una jugada ganadora?"[6] Por fortuna el presidente Bush no aceptó esta rigurosa sugerencia y los resultados en Malta fueron muy positivos.

La obligada discreción

Al inicio de nuestras charlas telefónicas el presidente Clinton me puso al tanto de un tema que lo mantenía preocupado: en la prensa estadounidense empezaba a correr la noticia de que el presidente de México era el mediador de los intercambios de opiniones entre Clinton y Castro. Le dije que con seguridad se trataba de simples especulaciones presentadas como verdades acreditadas y que nuestra responsabilidad era mantener en secreto la dinámica y, en tanto fuera necesario, la existencia misma de aquellos diálogos.

Más tarde Clinton me comentó que, en efecto, aquellas insinuaciones nunca prosperaron. Por mi parte, cumplí de manera intachable con el compromiso de actuar con reserva. Mi único propósito era contribuir al diálogo, evitar una crisis y colaborar a la creación del entorno necesario para que en el futuro las relaciones entre Cuba y los Estados Unidos fueran mejores.

[6] *Ibid*, p. 154.

Me movía la necesidad de actuar a favor de la paz en la región, convencido de que en todo momento es mejor el diálogo que la confrontación.

Por fin, el acuerdo migratorio

Para mayo de 1995 los gobiernos de Cuba y los Estados Unidos habían suscrito un acuerdo migratorio, que además obligaba al servicio costero estadounidense a reintegrar a su país de origen a los cubanos que intentaban ingresar de manera ilegal a territorio norteamericano. De acuerdo con lo publicado por el diario *Granma*, para junio de 1999 casi dos mil migrantes procedentes de la Isla habían sido repatriados.

Aquí vale la pena recordar que a mediados de los ochenta Cuba estableció un primer acuerdo con la administración de Ronald Reagan. En aquel convenio inicial la parte estadounidense se comprometió a otorgar "hasta" 20 mil visas por año. Diez años se perdieron prácticamente, pues el gobierno de los Estados Unidos se limitó a entregar unos cuantos permisos anuales y, a partir de esa coartada, asegurar que había cumplido. En todo ese periodo las visas concedidas no llegaron a 10 mil, lo que provocó un rezago que llegó a involucrar a cerca de 180 mil ciudadanos residentes en Cuba, que desesperaban ante la siempre postergada expectativa de obtener los documentos prometidos. Los nuevos acuerdos de 1994 y 1995 establecieron el compromiso de emitir "no menos" de 20 mil visas anuales. A fines de la década se reportó: "Esas cuotas se han ido cumpliendo."[7]

---

[7] *Granma*, 9 de marzo de 2000.

Como sea, lo que la falta de visas ha llegado a propiciar en diversos periodos es un auténtico contrabando de seres humanos. Según se ha documentado, en ciertos momentos, el cobro por trasladar a un migrante desde Cuba a Miami de manera clandestina, por lo general en lanchas rápidas que permiten evadir a la guardia costera estadounidense, llegó a los cinco mil dólares. Hasta donde se sabe, nunca se logró apresar en los Estados Unidos a uno solo de los contrabandistas responsables de llevar a cabo este tipo de tráfico. Y a pesar de la escasez de visas, todo aquel cubano que pisara tierra de manera ilegal en territorio estadounidense terminaba por conseguir la ciudadanía y con ella cualquier modalidad de residencia y la autorización necesaria para encontrar algún empleo. Esta conducta contradictoria y absurda trajo consigo familias escindidas, tragedias en el mar y las más ásperas disputas políticas.

La solicitud de continuar la mediación. Una nota enfática de Castro

Mi gestión como presidente de México terminó el 30 de noviembre de 1994. Sin embargo, Clinton me pidió que continuara con mi labor de enlace. El tema de Cuba se había complicado con la presencia del ex presidente Carter en la Isla. Por su parte, ante la pretensión de algunos miembros del nuevo gobierno mexicano de tomar las riendas del proceso, Castro le dirigió una nota a Gabriel García Márquez. El Gabo me entregó el mensaje, que él mismo acompañó de una observación escrita con su puño y letra: "Este mensaje está firmado con mi nombre de pila solamente, de lo cual doy fe. Saludos." La rúbrica, "Gabriel", confirmaba el aserto. El mensaje de Castro decía:

Gabo: al margen de que el futuro pueda determinar algo más conveniente, pienso que por ser Salinas quien actuó como impulsor, testigo y garante de los intercambios entre los Estados Unidos y Cuba en momentos de crisis, y por ser la persona más informada sobre esto, lo preferible es que sea él quien se siga ocupando del asunto.

En noviembre comenté esta petición con el presidente electo, Ernesto Zedillo, y durante algún tiempo procuré darle continuidad al cumplimiento de la encomienda. Sin embargo, el rumbo que tomaron los acontecimientos en México a partir de 1995 me forzaron a declinar esa responsabilidad.

La crisis económica en México

Como toda administración, la que me tocó encabezar concluyó con activos y pasivos. Pero muy pronto, y a causa de los manejos erráticos del nuevo gobierno, los problemas derivaron en crisis. A unos días de iniciado el gobierno zedillista, y en particular durante unas cuantas horas del 20 y 21 de diciembre de 1994, México perdió más de la mitad de sus reservas internacionales. El país nunca había padecido una fuga similar en un lapso tan breve. Sin reservas que lo soportaran, el peso mexicano entró en una devaluación sin freno que superó el 150 por ciento. Según se ha documentado de manera muy amplia, horas antes, el 19 de diciembre, el gobierno entrante le hizo llegar a un pequeño grupo de empresarios mexicanos la noticia de una inminente devaluación de nuestra moneda. Con esa información privilegiada, aquellos empresarios agotaron las reservas internacionales y el país se quedó sin recursos para enfrentar sus deudas de corto plazo.

Pasado el tiempo, se ha podido documentar que la crisis se profundizó debido a que el gobierno dejó pasar varios meses antes de elaborar y poner en práctica un programa que permitiera enfrentar la debacle. En los primeros días de 1995 los mexicanos amanecieron con la noticia de que el país estaba inmerso en una catástrofe económica. Sólo unas semanas antes, un padre de familia pagaba el 7% de interés anual por la hipoteca de su casa, el crédito de su automóvil o sus enseres domésticos. En el arranque de 1995 las tasas de interés habían subido por arriba del 110%. Se hizo imposible cubrir intereses tan monstruosos. Cientos de miles de familias quebraron y en unos días perdieron su patrimonio.[8]

Por su parte, muchos empresarios afanosos que, aprovechando la recuperación económica de los años precedentes, habían invertido sus ahorros o contratado empréstitos para expandir sus fábricas y crear nuevos empleos, se toparon con la imposibilidad de cubrir las gravosas tasas de interés con las que despuntó el año. Miles de fábricas cerraron y cientos de miles de empleos se perdieron.

En 1995 la economía mexicana cayó casi 7% en términos reales. La inflación anual se disparó a 52%. Se ha estimado que ese año perdieron sus empleos casi un millón de personas. De manera simultánea, entre 8 y 16 millones de mexicanos pasaron a formar parte de la pobreza extrema. El Banco Mundial dio a conocer la triste realidad: "En unos pocos meses se desvaneció la reducción de diez puntos en los niveles de pobreza tenazmente alcanzados durante la década anterior." En esos días aciagos México vivió la crisis económica y social más severa desde la Revolución de 1910.

[8] "Comisión Especial para Determinar las Causas del Bajo Financiamiento para el Desarrollo: Informe de los CC Senadores", Senado de la República, *Gaceta del Senado*, 16 de abril de 2010.

Para ocultar su responsabilidad en la crisis, el nuevo gobierno comenzó por culpar a la guerrilla zapatista de Chiapas: en su versión de los hechos, ésta era responsable de la zozobra exhibida por los mercados. Más tarde le achacó el origen del problema a la deuda de corto plazo, a pesar de que para su pago existían reservas suficientes antes de la crisis. Acto seguido, intentó colgarle el sambenito a los especuladores extranjeros y a la sobrevaluación del peso. Al final, ante la imposibilidad de hallar un argumento capaz de explicar una debacle tan severa, el gobierno decidió culpar al pasado inmediato, es decir, a mi administración.

Como punto de partida hacia un supuesto deslinde, el gobierno entrante decidió abrazar una política radicalmente distinta a la seguida por mi administración; con el tiempo esa política, el neoliberalismo, ha probado su ineficacia y sus efectos nocivos sobre las mayorías. A continuación, se lanzó a dar un golpe espectacular: a finales de febrero de 1995, en el momento de mayor crispación social ante el desastre económico, el gobierno sobornó a un testigo mediante la entrega de 500 mil dólares, y a partir de esos testimonios comprados acusó a mi hermano, Raúl Salinas, del homicidio de José Francisco Ruiz Massieu, al cual me he referido unas líneas arriba. Raúl fue aprehendido. Luego, mediante nuevas declaraciones inducidas y evidencias burdamente fabricadas, la administración de justicia zedillista lo condenó a 50 años de prisión. Diez años después, bajo un nuevo gobierno, se probó su inocencia. Los jueces que lo eximieron se ocuparon de denunciar la suma de trapacerías empleadas por los magistrados previos para imputarle cargos falsos.[9]

[9] Carlos Salinas de Gortari, La "década perdida" 1995-2006 Neoliberalismo y Populismo en México, Capítulo 5 "Las Libertades y el Estado de Derecho", México, Debate, 2008.

Ésta fue una de las incontables estrategias utilizadas para convertir a mi persona, mi gobierno y mi familia en el chivo expiatorio de la debacle nacional. La táctica empleada fue la de crear a partir de mi imagen una especie de "pánico moral", acompañada de una verdadera espiral del silencio cuyo objetivo fue anular cualquier posibilidad de defenderme. Fue así como el nuevo gobierno puso en el apartado "Carlos Salinas de Gortari" la responsabilidad de cuanta adversidad ocurría en el país.

La recapitulación viene a cuento porque estos hechos tuvieron un efecto poderoso sobre las relaciones entre los Estados Unidos y México. De cara a la posible reelección de Clinton, el gobierno estadounidense se vio ante la necesidad urgente de contribuir a una pronta solución de la crisis mexicana; con este fin tenía que comenzar por darle crédito a la explicación que sobre el origen del desastre venía divulgando el nuevo gobierno de nuestro país. Poco después, y contra lo asentado en el TLCAN, los bancos mexicanos pasaron a ser propiedad de grupos extranjeros y el sistema de pagos de México se puso en manos de accionistas de otras naciones, sobre todo estadounidenses. Por lo demás, el gobierno zedillista modificó su política exterior hacia Cuba: la diplomacia mexicana se mostró hostil con el gobierno de la Isla y violentó el principio de no intervención en los asuntos internos de otras naciones.

Julio de 1995, conversación telefónica con Sandy Berger

En esas condiciones, a fines del primer semestre de 1995 me vi obligado a asumir la imposibilidad de continuar con mi labor de intermediación entre Cuba y los Estados Unidos. El 19 de julio, antes de darla por concluida, hablé por teléfono con Samuel R.

(Sandy) Berger, asesor especial del presidente Clinton en temas de seguridad nacional. Le expliqué que el Comandante estaba interesado en conocer los avances logrados en varios temas: visas, transferencias de recursos y horas extras. Castro, le dije, deseaba de manera especial que el gobierno estadounidense tomara en cuenta que había transcurrido casi un año desde el inicio del diálogo.

Berger respondió: "Esperamos que el señor Castro esté consciente de los pasos positivos que hemos dado." Entre ellos señaló de manera especial los avances en el tema migratorio, "los cuales implicaron trabajos de negociación muy complejos". Por último, comentó, en relación con la hostil iniciativa del senador Helms en materia de migración, que algo se iba a aprobar, pero que mediante la búsqueda de apoyos en el Congreso se vislumbraba ya la posibilidad de impedir su aplicación extraterritorial. El 21 de julio, por escrito, le transmití al Comandante el contenido de esta charla.

Agosto de 1995: una carta personal al presidente Clinton

La avalancha de desprestigio orquestada en mi contra aumentaba día con día. Ante esto, decidí no correr el riesgo de incumplir la encomienda de actuar como garante de los compromisos de Bill Clinton con Fidel Castro. No olvidaba las palabras que me dirigió este último al aceptar los términos propuestos por la parte estadounidense: "Usted es el depositario de nuestras garantías."

Resolví entonces escribirle una carta personal a Clinton, para dejar por escrito el testimonio de mi responsabilidad. La envié el 28 de agosto de 1995, junto con una nota dirigida a Sandy Berger. Un emisario, que había trabajado en mi gobierno, la entregó personalmente en la Casa Blanca. En la parte inicial de aquella misiva me ocupé de reconstruir lo conversado con el propio Clinton un año antes, en agosto de 1994, cuando él me propuso por primera vez que yo actuara como mediador para emprender y sostener un diálogo con Castro. Desde el principio, subrayé, asumí esa solicitud con un gran sentido de responsabilidad. Resalté la discreción con la que todas las partes actuaron durante los intercambios: en un año, acoté, no ocurrió una sola filtración relacionada con los asuntos tratados.

El propósito en aquel momento, me permití recordarle, era evitar una crisis y al mismo tiempo reducir las posibilidades de que el resentimiento contra los migrantes cubanos alentara un rechazo general en los Estados Unidos contra las comunidades latinoamericanas, incluida la mexicana.

Rememoré que en aquellos días el presidente Castro aceptó que el diálogo entre Cuba y los Estados Unidos se concentrara en el tema de la migración, no obstante la certeza, por parte del Comandante, de que el verdadero punto de partida del problema estaba en el embargo, origen a su vez de la crisis económica que tanto lastimaba a los cubanos. El éxito de las conversaciones no fue menor, le hice ver, pues el éxodo de migrantes se detuvo a partir del acuerdo alcanzado en septiembre de 1994.

A continuación abordé el tema de los compromisos: usted, recapitulé, fue muy explícito al señalar que en los diálogos Cuba/Estados Unidos por celebrarse sólo se hablaría de migración, pero que una vez resuelto el problema no habría ningún obstáculo para discutir otros asuntos, sin importar su complejidad. Fue aquella oferta, enfaticé, la que movió a Castro a impulsar los diálogos, decisión que el Comandante suscribió con una frase categórica: "Confiamos en su palabra."

Líneas más abajo le presenté a Clinton una breve lista de las demandas adicionales que él mismo planteó en aquellas semanas: la liberación de mercados agrícolas en Cuba, la creación de líneas telefónicas entre este país y los Estados Unidos, la solicitud de evitar la "cubanización" de la Cumbre de Miami y, por último, la solución a las tensiones en la base de Guantánamo que por entonces enrarecían el contexto de las charlas bilaterales.

En los párrafos siguientes me referí a la conversación sostenida con Sandy Berger y a la inquietud de Castro por la tardanza en el cumplimiento de lo convenido. Y aunque agregué que el Comandante tenía plena conciencia de las dificultades políticas que el gobierno de los Estados Unidos enfrentaba, me pareció justo añadir que los cubanos aguardaban con justificada preocupación algún comentario sobre los avances de los compromisos adquiridos.

Al final, intenté transmitirle a Clinton mi sentimiento de confianza en que, con visión y audacia, él podía abrir un diálogo sin restricciones con Cuba. Ese diálogo, escribí, tendría que sobreponerse al escollo de la impopularidad, pero al final acarrearía consecuencias trascendentes para su nación y el mundo. Como ejemplos del valor que él mismo había mostrado en circunstancias igualmente complejas, me referí a la manera en que supo promover ante el Congreso de su país la ratificación del TLCAN, a la forma como empujó el restablecimiento de relaciones diplomáticas con Vietnam, así como a la determinación y la firmeza mostradas al sostener la propuesta de que China mantuviera la categoría comercial de "Nación más Favorecida". Como muestra reciente de su condición de estadista, aludí a la relevancia histórica de sus iniciativas en los Balcanes. "Estos hechos —concluí— son la prueba fehaciente de que usted posee el temple y la entereza necesarios para abordar ante sus compatriotas el tema del embargo, condenar la forma en que esa política ha golpeado al pueblo cubano y, finalmente, reprobar el carácter anacrónico de esta medida en el mundo globalizado de los últimos años del siglo xx."

Castro comenta la carta dirigida a Clinton

Poco después recibí una nota manuscrita de Fidel Castro. En ella el Comandante opinaba sobre la misiva dirigida a Clinton y de la cual yo mismo le hice llegar una copia:

Estimado Salinas: su carta, que acaba de traerme Felipe [Pérez Roque, su secretario particular en aquellos días] al lugar donde me encuentro, está muy bien elaborada y muestra un adecuado sentido político. Me preocupan, sin embargo, algunas precisiones de fecha y contenido. De acuerdo a nuestras notas, tomadas con todo rigor y detalle, lo que Clinton propuso el 6 de septiembre fue sacar el arreglo y el comunicado conjunto sin incluir el párrafo sobre las medidas del 20 de agosto; pero él sí adopta el compromiso de que en menos de 45 o 60 días estaría resuelto ese punto. Como usted puede apreciar, se trata de un dato muy importante. La cuestión relacionada con las comunicaciones telefónicas tiene lugar el 30 de septiembre, según nos informó usted ese mismo día. Era un punto que por cierto no había sido planteado por nosotros en las negociaciones. El 6 de septiembre es cuando Clinton propone sostener conversaciones ("diálogos y discusión", dice él) sobre temas bilaterales que cualquiera de los dos lados considerase convenientes, una vez resuelto el tema migratorio. Hay otros puntos que Clinton propuso ese mismo día, según me comunicó usted. Sobre esas bases se llegó al acuerdo del 9 de septiembre.

Con el fin de que usted pueda disponer de todas las precisiones necesarias, he autorizado a Felipe para que le muestre nuestro resumen cronológico de las conversaciones de aquellos días. De acuerdo con estos datos frescos, usted puede hacer cualquier arreglo a su documento que considere conveniente, para darle mayor exactitud y precisión. Es algo que dejo enteramente en sus manos. Yo confío en su capacidad de exponer las cosas con certeza y espíritu diplomático. Gracias por las molestias que se toma en este asunto. Le deseo disfrute de su viaje. Reciba mi más cálido saludo.

Debajo de su firma, Fidel agrega una posdata: "El estilo guerrillero de este mensaje se debe a que aquí no tengo una oficina a mi alcance."

El resumen cronológico del desarrollo de nuestras conversaciones al que alude Fidel Castro consta de 29 cuartillas, y comienza describiendo con precisión: "Martes 23 de agosto de 1994. Gabriel García Márquez llamó desde México para decir que el presidente Salinas de Gortari deseaba hablar con el Comandante en Jefe."

Fin de la mediación

Respecto a la misiva personal enviada a Clinton, debo decir que nunca recibí respuesta alguna. Clinton no la menciona en el libro de memorias que publicó años más tarde. Tiempo después, cuando lo interrogué acerca de las razones que pudieron suscitar el silencio de Clinton, Sandy Berger me sugirió una posible explicación: "No estamos acostumbrados a que nos pongan por escrito estos temas", afirmó de manera escueta y concluyente.

Dublín, 1996

En julio de 1996 invité a Gabriel García Márquez a visitar Dublín. Yo residía en la capital irlandesa de manera temporal, dedicado a redactar un libro que aspiraba a ser el recuento de mis años como presidente. La decisión de ausentarme de México obedeció a un claro objetivo: evitar que se siguiera utilizando mi presencia como coartada para intensificar la persecución política en contra de mi familia y mis ex colaboradores.

Unos meses antes, en Nueva York, Theodore Sorensen me aseguró: "Si algún día quiere escribir un libro, el mejor lugar es Irlanda, un país que a pesar de contar con un número relativamente pequeño de habitantes le ha dado al mundo cuatro premios Nobel de Literatura. Y bien podrían ser cinco, si se piensa en los indudables merecimientos de James Joyce. En Dublín encontrará el ambiente ideal para concentrarse, leer y escribir." Con esta sugerencia del más cercano asesor de John F. Kennedy, responsable de redactar los célebres discursos de uno de los presidentes más populares de los Estados Unidos, autor de la famosa frase: "No preguntes qué puede hacer tu país por ti; pregunta qué puedes hacer tú por tu patria", decidí establecerme por algún tiempo en aquella ciudad.

Irlanda tiene el atractivo adicional de ser un país muy querido por muchos mexicanos. Este afecto tiene raíces históricas: en 1847, durante la invasión estadounidense a México, un grupo de soldados irlandeses que formaban parte del ejército intruso se pasó a luchar del lado mexicano, "no como una banda de desertores sino como un grupo compacto, disciplinado e inspirado de combatientes". Los miembros del Batallón de San Patricio, hombres que eligieron apoyar a un país débil ante el ataque inicuo de una nación mucho más poderosa, son vistos como héroes por muchos mexicanos. En los Estados Unidos, por el contrario, "fueron juzgados, torturados con látigos, marcados con hierro y finalmente ahorcados, en un clima de rechazo a la migración irlandesa y a los feligreses católicos".

García Márquez y su esposa Mercedes llegaron a Dublín acompañados de José Carreño y su mujer, Lucy. Mi esposa Ana Paula y yo pasamos unos días inolvidables en su compañía. Caminamos juntos por la ciudad. Durante uno de aquellos recorridos, en medio del bullicio de Grafton Street, el Gabo comentó emocionado: "Es impresionante la vitalidad de esta gente y su sentido de nacionalidad".

Especialmente emotiva fue nuestra visita a la torre Martello, junto al poblado de Sandycove, donde se ubica el principio del *Ulises*, la extraordinaria novela de James Joyce. Ahí, en el lugar donde este gran escritor irlandés residió con el fin de explorar el espacio en el que planeaba situar el arranque de su relato, García Márquez recordó con emoción las primeras líneas de la odisea contemporánea de Leopold Bloom: "Buck Mulligan llegó de las escaleras, con un plato de jabón en el cual un espejo y una rasuradora permanecían cruzados." Luego evocó el final de la obra, verdadero delirio lingüístico de más de 20 cuartillas que inician y terminan con una afirmación ("Sí... sí"). Algo del tono enfebrecido de ese último capítulo resuena en *El otoño del patriarca*, una de las obras capitales del gran narrador colombiano. Más tarde, durante la visita al pequeño museo dedicado a Joyce, nos llamó la atención la evocadora presencia de dos objetos: su guitarra y su bastón. Tiempo después supimos que ahí se encuentra la edición de 1935 del *Ulises*, ilustrada por Henri Matisse.

Los García Márquez y los Carreño se hospedaron en el Shel-
bourne, frente a St Stephen's Green, el parque principal del centro de Dublín. Mientras comíamos en el restorán del hotel, unos
turistas mexicanos, de Tabasco por más señas, reconocieron al
Gabo y se acercaron a saludarnos. Al día siguiente recorrimos
el sur de la ciudad. Pasamos junto a los jardines de Powerscourt,
tomamos la carretera y en un modesto establecimiento saborea-
mos el tradicional *irish stew*. Visitamos el ancestral monasterio de
Glendalough, en Wicklow, fundado en el siglo VI y fiel testigo
de la historia de Irlanda, desde el paso de los vikingos hasta la
independencia de esta gran nación. Por la noche nos trasladamos
a la casa donde mi mujer y yo residíamos de manera temporal,
en Bray. Ahí, García Márquez compartió conmigo unas páginas
redactadas por él mismo.

Presidente Clinton: trate de entenderse con Fidel...

Aquel texto era un recuento del diálogo que el Gabo sostuvo con
Clinton en torno al delicado tema de los migrantes cubanos, la
noche del lunes 29 de agosto de 1994. Ocurrió durante una cena
en la casa del escritor estadounidense William Styron, en Martha's
Vineyard, Nueva Inglaterra. Styron es el autor, entre muchas otras
obras, de *Sophie's Choice*, la célebre novela sobre el holocausto que
Merryl Streep protagonizó en el cine. En sus memorias, el mismo
Clinton da cuenta de aquella singular reunión.

Días antes de ese encuentro, García Márquez le sugirió a Castro que escribiera una carta dirigida a Clinton, misma que el propio Gabo se ofreció a entregarle en persona al entonces presidente
de los Estados Unidos. Sin embargo, el Comandante consideró

que no había tiempo para redactar un mensaje que, en su opinión, demandaba la mayor puntualidad y concentración posibles. Aun sin la carta, la cena se llevó a cabo con gran éxito. Como se ha dicho líneas arriba, yo le hice saber con anticipación al presidente Clinton que García Márquez estaba enterado con detalle de nuestros diálogos y que era un participante activo en el proceso. En su relación de lo ocurrido, Gabo me compartió el texto que había escrito sobre su conversación con Clinton, donde precisa algunos momentos y agrega profundas reflexiones. Su relato incluye este diálogo con Clinton:

Poco después de iniciada la cena, y con el ánimo de tocar el punto caliente, le pregunté quién lo informaba y lo orientaba sobre la situación de Cuba. Él, con mucha reticencia, pero amable, dijo: "Tengo mis asesores." Le pregunté, siempre en muy buen tono, si alguno de ellos conocía a Fidel. Dijo que sí con la cabeza. Le pregunté si alguno de ellos lo había tratado durante los últimos 30 años. Pensó un instante y volvió a afirmar con la cabeza. Le pregunté si alguno lo trataba en la intimidad, y entonces sonrió divertido, me señaló con el índice y me dijo: "Usted." Entonces me advirtió que no iba a decir una palabra de lo que pensaba sobre la situación de Cuba, porque en aquel instante era muy delicada y estaba en proceso de estudio, pero que le gustaría oír lo que yo quisiera decirle.

Debo comentar que Salinas, el presidente mediador, para facilitarme la conversación le había informado a Clinton que yo estaba al corriente de las gestiones para el diálogo, pero él se hizo el desentendido durante la noche, y yo tuve que hacer lo mismo. Sin embargo, me escuchó en absoluto silencio y con una gran concentración, siempre mirándome fijo a los ojos y a veces haciendo afirmaciones casi imperceptibles con la cabeza.

En síntesis, y sin una sola interrupción suya ni de nadie, le dije:

Lo primero que quisiera comentarle es que no sólo mantengo con F. [Fidel Castro], una gran amistad desde hace muchos años, sino que además lo admiro, lo respeto y lo quiero mucho. De modo que hay motivos para afirmar que lo conozco bien, y pienso que no es posible tener una idea cierta de la situación cubana si no se toma en cuenta su personalidad. Los Estados Unidos le han creado la imagen de un dictador primitivo y cruel, y es todo lo contrario: un hombre muy bien educado, muy bien informado del mundo, con una experiencia y una lucidez políticas excepcionales, y un lector poco común. Lo sé porque algunos de los libros que lee se los llevo yo, y con frecuencia comentamos muchos otros. Es muy sensible a todo lo que tenga que ver con los Estados Unidos y conoce como pocos la sicología de los estadounidenses.

Hace apenas cuatro días nos vimos en mi casa de La Habana, y puedo decirle que él estaba ocupado por completo en encontrar una solución para el problema de la inmigración masiva. Me explicó, y explicó luego por televisión, que la crisis actual es producto de una estrategia de los Estados Unidos, que empezaron por no cumplir el acuerdo de conceder 20 mil visas al año, y en cambio reciben como héroes a los que llegan ilegalmente. Ante la ofensiva de estas semanas, los Estados Unidos perdieron el control de su propio invento y están improvisando remedios que no han impedido sino, al contrario, estimulado el éxodo ilegal. La determinación de crear un campo de concentración en Guantánamo va a empeorar las cosas, pues los emigrantes saben que desde el momento en que los Estados Unidos se hacen cargo de ellos tienen que alojarlos y alimentarlos, y que más temprano que tarde tienen que resolverles la vida. Sin embargo, los estadounidenses pretenden convencer a la opinión pública de que la culpa de todo la tiene el gobierno cubano.

F. considera absurdo que los Estados Unidos tengan más de treinta años de estar acusándolo de impedir la libre movilización de los cubanos, y ahora traten de forzarlo a que los reprima para que no se vayan. En cambio, si los reprimiera, los estadounidenses serían los primeros en acusarlo de violar los derechos humanos. F. no lo va a hacer, y tengo la impresión de que no facilitará ninguna solución de la crisis mientras los Estados Unidos se empecinen en resolver las consecuencias del problema en vez de ir a la causa, que es el bloqueo.

Este es el punto esencial. Por consiguiente, las conversaciones (que se habían anunciado en la prensa aquel día) empezarán por la inmigración, y tendrán todos los escalones que se les ocurran, pero Fidel no se detendrá mientras no se toque el bloqueo. Que por lo menos se pueda discutirlo, y no como hasta ahora, que los Estados Unidos lo han convertido en un tema intocable y sagrado. Conozco a F. y sé que es muy poco lo que conseguirán de él si estas conversaciones no culminan con el tema del bloqueo. No traten de exigirle que antes de hablar del bloqueo muestre "algún gesto de democratización", como dijo algún funcionario del Departamento de Estado. No: lo mismo le prometieron hace tiempo si rompía sus vínculos con la Unión Soviética, si salían los cubanos de Angola y Etiopía, si salían de Nicaragua, si no apoyaban más a la guerrilla latinoamericana. Todo eso ha sucedido y los Estados Unidos no han respondido. En cambio, sentaron el mal precedente de Nicaragua, que les hizo caso por cansancio, y hoy sigue sin la ayuda prometida, y peor que nunca.

Creo que F. será el hombre más receptivo el día que se discuta el bloqueo. Más aún: es probable que ese sea el punto de partida para definir y conducir su propia sucesión. Cualquier otra cosa será inútil. Y no se equivoquen más: F. no se va a caer, no le van a dar un golpe militar, no habrá una insurrección popular, y tampoco va a renunciar ni se va a morir. Y tengan cuidado con Miami, porque uno de los factores que sostienen a F. es la determinación, por parte de los cubanos de la isla, de no permitir jamás que la gente de Miami trate de quitarles lo que les ha dado la Revolución. Más aún: no persistan en el error de intentar que F. se vaya, porque él es la única persona que tendrá la autoridad, el conocimiento, la inteligencia y la determinación de su pueblo para que Cuba evolucione en la forma correcta, aun después de levantado el bloqueo. Una tentativa distinta puede desembocar en una catástrofe irreparable para Cuba y los Estados Unidos, y en una grave perturbación histórica para América Latina.

Trate de entenderse con F., pues él tiene muy buen concepto de usted. Lo ha repetido sin reservas en público y en privado, aunque ahora esté sorprendido de lo mal que ustedes están manejando esta crisis. Sé que está muy contento de que se inicien los diálogos y esperanzado de que culminen como deben, y ahora que lo conozco a usted quisiera que usted pensara lo mismo. Estoy seguro de que conversarían muy bien, y este es un buen momento. Para ambos, pero sobre todo para usted, porque usted sólo gobernará por ocho años (cosa que yo deseo), pero F. seguirá por cien años más.

Y ahora, terminemos con estos discursos y dígame una cosa: ¿qué libro está leyendo?

Clinton recobró entonces la voz y su ánimo estaba mucho mejor que cuando llegó. La conversación siguió muy animada sobre toda clase de temas, y en especial sobre libros, hasta las doce de la noche. Tanto él como su esposa Hillary nos señalaron los caminos para vernos de nuevo en Washington, y en todos quedó la impresión de una noche muy grata.

La versión de Clinton

Diez años después, en 2004, Bill Clinton incluyó en sus memorias su propio relato de la misma cena. Como es comprensible, su versión de los hechos pone énfasis en otros aspectos. Antes de entrar en materia, Clinton rememora que, en agosto de 1994, luego de que el Congreso abandonó la ciudad, él y su esposa Hillary se dirigieron a Martha's Vineyard. Luego dedica unas líneas a relatar la partida de golf que sostuvo con Warren Buffett y Bill Gates, para finalmente centrarse en la descripción del encuentro con los Styron y con García Márquez, a la que acudió también Carlos Fuentes:

> El momento más memorable para mí fue la cena en casa de Bill y Rose Styron, donde los huéspedes de honor fueron el gran escritor mexicano Carlos Fuentes y mi héroe literario, Gabriel García Márquez. García Márquez era amigo de Fidel Castro, quien en su empeño por exportar a nuestro país algunos de sus problemas, estaba en camino de desencadenar un éxodo masivo de cubanos hacia los Estados Unidos, similar al de los balseros de Mariel, que tantos problemas causó en 1980. Miles de cubanos, con gran riesgo para su vida, salían en pequeños botes y balsas para emprender el largo viaje de 90 millas rumbo a Florida.
>
> García Márquez se oponía al embargo contra Cuba y trató de convencerme. Le respondí que no levantaría el embargo, pero que apoyaba el Acta Democrática Cubana, que le daba autoridad al presidente de los Estados Unidos para mejorar las relaciones con Cuba a cambio de un mayor esfuerzo de este país por promover la libertad y la democracia. Le pedí, además, que le advirtiera a Castro que si el flujo de cubanos continuaba su

gobierno recibiría por parte de los Estados Unidos una respuesta muy diferente a la que obtuvo del presidente Carter en 1980. Castro ya me ha costado una elección, le dije, no puede costarme dos. Le envié el mismo mensaje a través del presidente Salinas de México, quien sostenía una buena relación de trabajo con él. Poco después los Estados Unidos y Cuba alcanzaron un acuerdo, y Castro se comprometió a detener el éxodo; a cambio, prometimos recibir 20 mil cubanos adicionales al año a través de los procesos normales. Castro cumplió fielmente el acuerdo mientras duró mi gobierno. Más tarde, García Márquez haría la broma de que él era el único hombre que podía presumir de ser amigo de ambos, Fidel Castro y Bill Clinton.

Después de discutir sobre Cuba, García Márquez le dedicó la mayor parte de su atención a Chelsea, mi hija, quien le dijo que había leído dos de sus libros. García Márquez me comentó después que a él no le pareció creíble que una niña de catorce años pudiera entender su obra, y que por eso se lanzó a discutir con ella de manera muy amplia sobre *Cien años de soledad*. Se quedó tan impresionado, que más tarde le envió a Chelsea una colección completa de sus novelas.[10]

Los comentarios del padre acerca de los talentos de la hija son comprensibles. Lo que se echa de menos es una descripción más fiel y detallada de lo que en realidad argumentó esa noche García Márquez y de lo ocurrido más tarde, durante el proceso de negociación con Cuba.

[10] Bill Clinton, *My Life*, Reino Unido, Arrow Books, 2005, pp. 614-615.

Una tragedia en los cielos cubanos

Un hecho lamentable ocurrió en 1996 en medio de la campaña presidencial estadounidense, que canceló la posibilidad de un diálogo "abierto a cualquier tema" entre Cuba y los Estados Unidos. El 24 de febrero de ese año cuatro personas perdieron de manera trágica la vida, cuando elementos de la fuerza aérea cubana derribaron dos avionetas procedentes de Florida. Meses antes, la presencia de aeronaves con matrícula estadounidense en el espacio aéreo de la Isla generó protestas y advertencias por parte del gobierno de Castro. En el caso de estas dos avionetas, los cubanos dispararon con el argumento de que ambas invadieron el espacio aéreo de Cuba. El presidente Castro asumió la responsabilidad de la orden. Sin embargo, mediaron sólo unos segundos entre la comunicación de las naves de la fuerza aérea cubana con su mando y el momento de los disparos: imposible que el Comandante hubiera ordenado en tan breve lapso abrir fuego. Como represalia, el presidente Clinton promovió ante el Congreso de su país la ratificación expedita de la iniciativa Helms-Burton, con el objeto de "fortalecer la efectividad del embargo comercial". Convertida en ley, esa iniciativa se ganó el rechazo decidido de la comunidad internacional, pues lastimaba al pueblo cubano y era contraria a la libertad de comercio.

Clinton recoge el hecho en sus memorias, al tiempo que reconoce el gran apoyo que la aprobación de aquella ley le atrajo de cara a su reelección en 1996:

Alentar esa ley fue una buena política electoral en Florida. Sin embargo, de ganar la reelección, el apoyo brindado [a dicha legislación] limitaba cualquier iniciativa de mi parte por levantar el embargo a Cuba a cambio de transformaciones positivas dentro de ese país. Al parecer, Castro trataba de forzarnos a mantener el embargo, para conservarlo como excusa para justificar los fracasos económicos de su régimen. Si ese no era el objetivo, entonces Cuba había cometido un error colosal. Más tarde, Castro me notificó, de manera indirecta por supuesto, que el derribo de los aviones había sido un error. Al parecer él había dado, antes de aquel terrible incidente, la orden de disparar contra cualquier avión que violara el espacio aéreo de Cuba, y había fallado en su intento de cancelarla al enterarse de que la unidad aérea conocida como los Hermanos al Rescate iba en camino.[11]

Aquí conviene agregar que, antes de este lamentable episodio, diversas personalidades políticas de Cuba y los Estados Unidos se habían reunido para proponer nuevas formas de mejorar las relaciones entre ambos países. Durante aquellos encuentros, Cuba planteó como tema destacado su preocupación por los vuelos de avionetas provenientes de Florida sobre el espacio aéreo de la Isla. Esas incursiones, afirmaron entonces los cubanos, podían provocar una reacción defensiva de su fuerza aérea y acarrear un serio problema entre las dos naciones. Las dependencias responsables del gobierno estadounidense se comprometieron a impedir que ese tipo de vuelos se repitiera. Con este compromiso establecido, al acercarse a tierra las aeronaves extranjeras la orden de fuego de la fuerza aérea cubana se produjo de forma automática. Fue el incumplimiento de un convenio ya firmado lo que ocasionó la tragedia.

[11] *Ibid*, p. 701.

Los pormenores del ataque se dieron a conocer en un extenso reportaje de la revista *The New Yorker*, publicado el 26 de enero de 1998. Su autor, Carl Nagin, lo tituló "El tiro por la culata". Nagin confirma que el gobierno cubano había compartido con diversos políticos de la administración Clinton su inquietud sobre la invasión del espacio aéreo de la Isla.[12] Asimismo, había enviado varios oficios relativos a este asunto al Departamento de Estado estadounidense y a la Oficina de Intereses de ese país en La Habana. "No se tomaron en cuenta las protestas", apunta Nagin. La oficina del secretario de Transporte de los Estados Unidos le confirmó al reportero que el titular de la dependencia, Federico Peña, instruyó a la Agencia Federal de Aviación (FAA, por sus siglas en inglés) para que los pilotos de los sobrevuelos se aseguraran de no continuar violando el espacio aéreo cubano. Las autoridades de los Estados Unidos estaban enteradas, una semana antes de que ocurriera el derribo, de que los aviones sobrevolarían la Isla.[13] En una entrevista con la cadena CBS, Fidel Castro afirmó que un enviado de su administración había recibido la promesa, por parte de los "más altos niveles" del gobierno de los Estados Unidos, de que no habría más irrupciones en el espacio de Cuba. No mintieron los mandos militares cubanos cuando afirmaron, luego del ataque, que ellos "estaban al tanto de un compromiso claro, establecido entre jefes de Estado, de que los vuelos irregulares serían suspendidos".[14] Lo que pudo hacerse antes se dejó para después… A partir de ese evento dramático, concluye Nagin, se declaró "zona de emergencia" el estrecho de Florida y "las autoridades de los Estados Unidos se comprometieron a prevenir de manera regular a los oficiales

[12] Carl Nagin, "Backfire", *The New Yorker*, 26 de enero de 1998.
[13] *Ibid.*
[14] *Ibid.*

cubanos sobre las incursiones por mar y los vuelos inminentes o sospechosos de cualquier grupo de exiliados".

Fines de 2000: Clinton y Castro se dan la mano

Pero en aquellos días el dramático incidente disolvió la posibilidad de ponerle fin al diferendo entre ambas naciones, al tiempo que recrudeció el aislamiento comercial de Cuba. Tal vez el primer cambio significativo tuvo lugar durante la Cumbre del Milenio de la ONU, celebrada en la sede de esta organización en septiembre de 2000. Ahí, Bill Clinton y Fidel Castro finalmente se dieron la mano. El propio Clinton refiere en sus memorias este singular momento, ocurrido unos cuantos meses antes de que concluyera su gestión como presidente de los Estados Unidos:

> Cuando la comida oficial terminó, seguí mi costumbre de levantarme y junto a mi mesa saludar a los líderes que se detenían a despedirse… Fidel Castro alargó la mano y yo se la estreché; fui el primer presidente estadounidense en hacerlo después de 40 años. Castro comentó que no quería causarme ningún problema, pero que deseaba saludarme antes de que concluyera mi mandato. Le respondí que yo esperaba que algún día nuestras naciones pudieran reconciliarse.[15]

En medio de las experiencias convulsivas de la última década del siglo XX, este episodio vino a replantear el antiguo dilema que durante años han enfrentado cubanos, mexicanos y muchos

---

[15] William Clinton, *op. cit.*, p. 922.

otros pueblos de la región: ¿cómo entenderse con un rival histórico que, además, se ha convertido en el país más poderoso del mundo?

A fin de cuentas, el asedio económico contra Cuba, de hecho una barrera política al libre mercado, representa la obstrucción de una vía hacia la modernidad para ambos países: la víctima del bloqueo ha perdido el bienestar material por el que luchó durante medio siglo; su promotor se ha autoimpuesto una regresión ideológica y una contradicción política, también de cinco décadas, en el discurso y en los hechos.

Cuba ha realizado un extraordinario esfuerzo por educar a su pueblo, conseguir los más altos niveles de salud y nutrición en el continente (sobre todo entre los niños) y avanzar hacia la equidad. Estoy convencido de que el bloqueo que los Estados Unidos le han impuesto a la Isla debe levantarse. Si esto sucede, y si de manera simultánea el pueblo cubano decide en forma soberana impulsar los cambios políticos que considere pertinentes, Cuba será una de las naciones más avanzadas de nuestra región. El país caribeño se lo merece, luego de tantos sacrificios. Los Estados Unidos, por su parte, también se merecen la oportunidad de restablecer relaciones con sus vecinos cubanos.

2010: Castro confirma varias revelaciones

El 13 de agosto de 2010 los cubanos y quienes siguen de cerca el devenir de ese país se sorprendieron ante la publicación en el periódico *Granma*, quizá el más influyente de la Isla, de un artículo firmado por Fidel Castro. El Comandante ya no era el jefe de Estado de su país: una enfermedad muy delicada lo afectó de manera grave y lo indujo a renunciar a esa posición. Pero en aquellos meses volvió a la palestra con algunos textos que tituló "Reflexiones de Fidel" y esporádicas apariciones públicas. Su hermano Raúl, quien lo acompañó en el asalto al Cuartel Moncada en 1953, el exilio en México, el regreso a Cuba en el navío *Granma* y la victoria final en 1958, asumió la dirección del país.

En el artículo mencionado, Fidel Castro reconoce por primera vez de manera pública y por escrito la veracidad de la crónica que yo presenté diez años antes en mi libro *México, un paso difícil a la modernidad*.[16] En el texto del *Granma*, Castro recuerda su visita a México en diciembre de 1994, para acudir al cambio de poderes:

[Salinas] fue sumamente amable conmigo, conversamos bastante y me mostró su gigantesca biblioteca de dos pisos, repleta de libros por los cuatro costados... Más tarde sucedió algo muy importante. En un momento de seria crisis migratoria entre Cuba y los Estados Unidos, en agosto de 1994, William Clinton, presidente de los Estados Unidos en ese momento... designó a Salinas como intermediario... Él actuó realmente como mediador y no como un aliado de los Estados Unidos. Así fue como se produjo el acuerdo, que había constituido una burla en la primera crisis, durante los años de Reagan. Cuando Zedillo, un hombre realmente mediocre, lo sustituyó en la presidencia, celoso tal vez de la influencia política de su antecesor, le prohibió vivir en México. Salinas enfrentó en ese momento una difícil situación personal y solicitó residir en Cuba. Sin vacilación lo autorizamos y aquí

---

[16] Carlos Salinas de Gortari, *México, un paso difícil a la modernidad*, Barcelona, Plaza & Janés, 2000. Véase el Capítulo 8: "Una mediación desconocida: el diálogo entre los presidentes de Cuba y los Estados Unidos".

nació la primera hija de su segundo matrimonio... William Clinton no se portó bien. Cumplió los acuerdos migratorios suscritos pero mantuvo el bloqueo económico... y en cuanto tuvo una oportunidad endureció la presión económica con la ley Helms-Burton, que el gobierno de ese país ha mantenido contra Cuba. Cuando Salinas describió en su libro el papel que jugó en las negociaciones migratorias, dijo la verdad y coincidió con el periódico de izquierda *New Yorker*... Salinas mantuvo la práctica de visitar Cuba con determinada frecuencia. Intercambiaba opiniones conmigo y nunca trató de engañarme.[17]

[17] Fidel Castro, *Granma*, 13 de agosto de 2010. En ese texto, sin embargo, el Comandante le otorga credibilidad a un personaje que las autoridades cubanas detuvieron en 2004, el cual había grabado y divulgado videos que mostraban a los más cercanos colaboradores del entonces jefe de gobierno de la Ciudad de México, Andrés Manuel López Obrador, recibiendo sobornos y metiendo billetes en sus portafolios. En su texto, Castro señala que López Obrador había ganado la elección presidencial de 2006, lo que motivó un reclamo diplomático del gobierno mexicano. En la prensa de México se destacó que el Comandante había sido engañado por el personaje que fue detenido en Cuba. Pablo Hiriart, "A Castro lo engañó un pillo", *La Razón*, 23 de agosto de 2010.

CAPÍTULO 3

El rescate de Henry y Victoria

Una llamada imprevista

A principios de junio de 2003, mientras trabajaba en mi casa, recibí una llamada desde los Estados Unidos. Era Emiliano, mi hijo, quien cursaba el doctorado en economía en la Universidad de Harvard. Me dio una noticia que de inmediato atrajo mi interés: Andrés Antonius, un antiguo colaborador en la negociación del TLCAN, deseaba conversar conmigo. A los pocos días Antonius visitó mi casa, donde desayunamos en compañía de mi esposa Ana Paula.

Andrés trabajaba en Kroll, la empresa internacional de investigaciones. Esa mañana nos relató una historia sobrecogedora. Una pareja de ciudadanos estadounidenses se divorció en la primavera de 2001. Ambos recibieron la custodia legal de sus dos hijos; a ella la ley le concedió, además, la custodia física. El 23 de agosto de 2001, apenas consumado el divorcio, el padre secuestró a los pequeños y en un avión rentado se los llevó al país de origen de su familia paterna: Egipto. Después de dos años, y a pesar de sus esfuerzos permanentes, la madre aún no lograba recuperar a sus hijos. Antonius tenía información de que el padre y los niños habían dejado Egipto y se encontraban en Cuba. Solicitaba mi ayuda para confirmar la noticia y, en su caso, poner a los pequeños en manos de su madre.

Antonius me dejó una carpeta con varios legajos. Le ofrecí revisarlos antes de ponerme en contacto con él. Esa misma tarde los examiné con cuidado. Ahí estaban el acta de divorcio y las resoluciones de las cortes estadounidenses y egipcias a favor de la madre. Al final, una carta suscrita por más de 52 senadores de los Estados Unidos, dirigida al presidente de Egipto.

Los documentos permitían establecer un recuento puntual de los hechos. A los pocos días del secuestro, Cornelia Streeter, la madre, conocida familiarmente como Nina, había obtenido de una corte de los Estados Unidos la custodia legal y en exclusiva de sus hijos: Henry, de nueve años, y Victoria, de siete. Anwar Wissa Jr., el padre, era perseguido por un par de crímenes tipificados en las leyes de Massachusetts: "Secuestro ejercido por alguno de los padres" y "Fuga para evitar proceso". El 3 de diciembre de 2001 la Interpol expidió una orden internacional de arresto contra Wissa. En ella se alertaba: "Cuidado: se trata una persona con tendencias suicidas".

Una corte islámica concede la custodia a la madre

En el otoño de 2001, Wissa le exigió a su ex esposa, la señora Streeter, un pago por más de un millón de dólares; a cambio, él se comprometía a devolver a los niños. El FBI contaba con grabaciones y notas que probaban el intento de extorsión. Entre el invierno de 2001 y la primavera de 2002, Anwar Wissa obtuvo pasaportes egipcios para él y los pequeños. En vísperas del verano solicitó a la Corte de ese país la custodia de sus hijos. Todo apuntaba a que la permanencia de Wissa en Egipto fuera definitiva y a que mantuviera el control absoluto sobre los niños. Sin embargo, Nina no se dio por vencida: en abril de 2002 una corte federal de los Estados Unidos lanzó cargos contra Wissa por extorsión y por secuestro internacional. Fue entonces cuando Nina decidió viajar a Egipto y litigar la suerte de sus hijos en los juzgados de ese país. En diciembre de 2002, en una acción inesperada y digna de elogio, la Corte Islámica rechazó la petición de Wissa y concedió la custodia legal de Henry y Victoria a la señora Streeter.

Entre enero y mayo de 2003, Nina permaneció en Egipto para exigir que, en cumplimiento a la orden de la Corte, le devolvieran a sus hijos. Por esos días, el gobierno de Egipto le confirmó al embajador de los Estados Unidos en El Cairo la existencia de una orden de arresto contra Wissa. Con una tenacidad a toda prueba, Nina promovió y obtuvo la carta ya citada, dirigida al presidente de Egipto, donde 52 senadores estadounidenses solicitaban la intervención del mandatario. Encabezaban la lista John Kerry, senador por Massachusetts (estado natal y de residencia de Nina), y la senadora Hillary Rodham Clinton. Llamaba la atención, por cierto, la ausencia del senador Edward Kennedy, también de Massachusetts.

Pero una vez más los acontecimientos desbordaron el curso legal: el 23 de diciembre de 2002 Wissa abandonó Egipto en compañía de Henry y Victoria. Para cuando los senadores firmaron la carta dirigida al presidente egipcio, los niños y su padre ya estaban en Cuba.

Lunes 23 de junio de 2003: reunión en Houston con Nina

Esa tarde de junio, tras concluir la lectura de los documentos, decidí que era pertinente y justo actuar. Antes, era necesario verificar plenamente la información. Le pedí a Andrés Antonius una entrevista con Cornelia Streeter. El lunes 23 de junio, a las ocho de la noche, nos reunimos los tres a cenar en el restorán del hotel Four Seasons, en Houston, Texas.

De Nina me sorprendieron su fuerza y su sentido del humor, cualidades que conservaba a pesar del drama vivido a lo largo de dos años. Nació en un pequeño poblado al norte de Boston. Su padre, un reconocido abogado bostoniano, había muerto un par de años antes. Ahora, ella mantenía una relación muy cercana con su madre y sus dos hermanos. A lo largo de su vida dio pruebas de poseer una sólida conciencia cívica, resultado de la intensa participación de sus padres en labores comunitarias. Egresada de la Universidad de Harvard, había sido campeona nacional de remo. Poseía un posgrado del Instituto Tecnológico de Massachusetts (MIT) y se desempeñaba en el campo financiero. Fuera del trabajo, consagraba la vida a convivir con sus hijos. Y ahora tenía más de dos años sin verlos.

Esa noche conversamos en una mesa situada en un extremo del restorán. Muy pronto la conversación llegó al tema que nos había convocado. Al abordarlo, el rostro de Nina dejó ver todo el dolor padecido por la ausencia de los hijos, pero también la rabia ante los desengaños sufridos en el intento de recuperarlos. Escuché con atención el relato de su matrimonio con Wissa, la separación, el divorcio, el rapto de los niños, la angustia, su disgusto ante los intentos de extorsión de su ex marido y el incumplimiento de las leyes en Egipto. Luego supe que en los primeros días de su estancia en ese país algunas autoridades locales le hicieron creer que le regresarían a los pequeños en cuestión de horas, promesa que nunca cumplieron.

Le pregunté a Nina si tenía la certeza de que sus hijos estaban con Wissa en Cuba. Sin palabras de por medio, extrajo un sobre de su portafolio. Me lo entregó. Mi sorpresa fue enorme: contenía varias fotos de Henry y Victoria. De inmediato reconocí el lugar donde se hallaban: la Marina Hemingway, al oeste de La Habana. No había más que preguntar. Era urgente entrar en contacto con las autoridades cubanas para ponerlas al tanto de los hechos y lograr el rescate de los niños. Nina insistió en el riesgo de que el padre abandonara Cuba en cualquier momento. Aún ignorábamos que, de acuerdo con las leyes egipcias, al cumplir diez años (cosa que estaba por ocurrir) Henry caería bajo la patria potestad del padre apenas ingresara con él a ese país. El tiempo avanzaba en nuestra contra.

Por mi parte, estaba seguro de que en cuanto el presidente Fidel Castro, hombre de probada entereza moral, se enterara del secuestro de los niños y de su ocultamiento en suelo cubano, actuaría a favor de las razones éticas y jurídicas que asistían a la madre. Confirmada la presencia de Henry y Victoria en Cuba, le ofrecí a Nina que al día siguiente, martes, volaría a la Isla para tratar de obtener una entrevista con Castro.

Nina reaccionó con mesura. Aunque agradeció mi actitud, era claro que las frustraciones vividas hasta entonces la habían enseñado a no alentar esperanzas con facilidad. Antes de despedirnos, le pedí que permaneciera con Andrés Antonius en los Estados Unidos mientras yo intentaba mediar ante el presidente de Cuba. Si la respuesta era favorable, debía prepararse para recibir a sus hijos en breve. Yo tenía fundadas razones para suponer que la respuesta cubana sería de absoluta solidaridad con el drama de Nina.

Martes 24 de junio: vuelo a La Habana

Conseguí un avión privado y acordé con los pilotos salir de Houston a la mañana siguiente, volar a Cancún y de ahí emprender de inmediato el vuelo a La Habana. Así se hizo: a las 9:30 a.m. del martes 24 de junio despegamos. Dos horas después llegamos a Cancún, donde cargamos combustible antes de partir hacia la capital de Cuba. A las 14:00 horas aterrizamos en el aeropuerto internacional José Martí. En cuanto pude, llamé a la oficina del presidente Fidel Castro. Pedí hablar con su secretario particular, Carlos Valenciaga. Este joven de 29 años tenía como características su eficiencia, su buen trato y, sobre todo, su talento para reconocer las prioridades. "Tengo un asunto muy urgente que tratar con el Comandante", le dije. Prudente, no me pidió detalles por teléfono. Me sugirió que no me moviera del lugar donde me encontraba; en breve, afirmó, tendría noticias suyas.

Así fue: a las 17:00 horas, Valenciaga me llamó para pedirme que estuviera pendiente: todo indicaba que podría concretarse una cita para esa misma noche. A las 19:00 horas se comunicó de nuevo: al parecer, el encuentro se llevaría a cabo en un par de horas. Quince minutos antes de las nueve me confirmó: sería recibido en la oficina del Comandante, en el Palacio de las Convenciones de La Habana. Por fortuna me encontraba muy cerca del lugar. Salí de inmediato.

Los guardias de seguridad estaban al tanto de mi llegada. Sin más preámbulos, entré en mi automóvil al patio del Palacio, lo estacioné, descendí, ingresé al recibidor y por el ascensor subí al primer piso. Aunque ya conocía esta oficina, me volvió a impresionar su sobriedad, claro reflejo de la doble condición del hombre que la ocupa: un presidente y un revolucionario.

Castro: *"¡Esto es como lo de Elián, pero al revés!"*

El Comandante aguardaba de pie al final de un largo pasillo, junto a una mampara. Me saludó con su acostumbrada gentileza y pasamos a un pequeño salón, donde ocupamos unas sillas rústicas forradas de cuero. Nos sentamos. Valenciaga ocupó un asiento cercano.

Dedicamos unos cuantos minutos a conversar sobre diversos temas. Enseguida, el Comandante me pidió que le hablara del asunto que me traía frente a él con tanta urgencia. Le hablé de Nina, de su divorcio, del secuestro de los niños a Egipto y de la presencia de Henry y Victoria en Cuba. Al llegar a este punto, Castro, que escuchaba atento y sereno, reaccionó: ¿cómo era posible que dos niños estadounidenses secuestrados se encontraran en su país? Me limité a mostrarle las fotos de los pequeños en la Marina Hemingway. Al verlas, el Comandante saltó de su silla: "¿Te das cuenta, Salinas? ¡Esto es como lo de Elián, pero al revés!"

Su frase no dejaba dudas respecto a la importancia que de inmediato le concedió a los hechos. Había razones: a brazo partido, el Comandante había luchado junto al pueblo de Cuba para conseguir que el gobierno de los Estados Unidos regresara al niño Elián González, quien había salido en una balsa con su madre rumbo a Miami y ahí había arribado después de sortear increíbles peligros. Acogido por unos familiares, su padre viajó a Miami para estar con él y pedir el regreso de ambos a Cuba. Fui testigo de las movilizaciones en las que cientos de miles de cubanos exigieron justicia; presencié también el emotivo momento del retorno del pequeño a la patria, en compañía de su padre. El caso Elián representaba para los cubanos un acto de apego a sus principios y a su soberanía. Con tal antecedente, la presencia en Cuba de dos niños secuestrados cobraba un gran significado. "Esto no puede permitirse en nuestro país", remató Castro. "Nunca seremos utilizados como refugio de secuestradores, mucho menos de quienes raptan niños. Además, el pueblo estadounidense apoyó de manera masiva el regreso de Elián… Tenemos una deuda de gratitud con ellos."

Frente a esta reacción, me quedó muy claro que Castro no tenía noticia alguna del caso. La presencia en Cuba de los niños secuestrados era una verdadera sorpresa para él. Recuperado del primer impacto, Fidel me pidió más detalles. Abundé en el fundamento legal de la solicitud de Nina. En fotocopias, le mostré el acta de divorcio, las sentencias de las Cortes de los Estados Unidos y de Egipto, así como la carta en la que los senadores estadounidenses demandaban la devolución de los pequeños.

El Comandante revisó con atención cada documento. Al final, entrada ya la medianoche, me aseguró que solicitaría informes de inmediato. Me pidió que no me moviera del lugar donde me alojaba y que esperara noticias suyas. Nos despedimos en medio de la incertidumbre sobre el paradero de los niños y su situación.

Esa noche no pude conciliar el sueño. Ante la reacción del presidente Castro, sabedor de su determinación para actuar, pensé en la conveniencia de que Nina estuviera cerca de la Isla. A las dos de la mañana le llamé por teléfono a Andrés y le pedí que se trasladara de inmediato a la Ciudad de México en compañía de Nina. Sin darle más detalles, temeroso de que alguien pudiera intervenir la llamada, le hice ver que las perspectivas eran de lo más positivo. Nina y Andrés partieron de los Estados Unidos hacia la capital mexicana a las 8 a.m. Se estimaba su arribo alrededor de las cuatro de la tarde, hora de México, cinco de la tarde en Cuba.

El *rescate*

A las nueve y media de la mañana recibí una llamada de la oficina de Valenciaga. Tomé el auricular y esperé unos segundos. Entonces escuché una voz que no era la de Carlos. "¿Quién habla?", pregunté. Alguien respondió con voz pausada: "Aquí hay algo raro…". Reconocí la voz de Fidel Castro. Pero esa frase me perturbó: "¿Algo raro?" Esto podía significar que la información proporcionada no era cierta, o bien que la situación de los niños era comprometida. Pronto se aclaró todo. Castro reconoció mi voz y me dijo: "Salinas, no era contigo con quien quería hablar… todavía." El caso es que, en su afán de ser discreto, el Comandante había solicitado que lo comunicaran "con la persona con la que hablé anoche". Se refería a un cercano colaborador del área de seguridad, a quien le había llamado para solicitarle una investigación sobre los niños. Aclarado el malentendido, me dijo que muy pronto habría información precisa y me pidió que acudiera a su oficina tan pronto como pudiera.

Me trasladé al Palacio de las Convenciones, adonde arribé a la hora señalada. Al entrar a su despacho, Castro me recibió animado: "Los niños se encuentran bien y ya están a salvo", comentó con entusiasmo. "Al padre lo han detenido, sin violencia y sobre todo sin que los niños se dieran cuenta de la acción. Hemos sido muy afortunados." Recibí la noticia con enorme alegría. Pronto, muy pronto, Henry y Victoria podrían reunirse con su madre. Lamenté, sin embargo, no poder transmitirle la buena nueva a

Nina, quien en esos momentos volaba de Boston a la Ciudad de México en compañía de Andrés.

Durante la noche previa, Fidel investigó, dio órdenes y actuó

Esa misma mañana el Comandante me relató con más detalle los hechos. La noche anterior, apenas dejé su despacho, llamó a los responsables del área de seguridad y les pidió información sobre Wissa y los niños. Después de verificar los registros migratorios, se le informó que, en efecto, a finales de diciembre habían ingresado al país como turistas; desde entonces, Henry y Victoria vivían en un pequeño bote anclado en la Marina Hemingway. Para distraerlos durante el día, el padre había conseguido que les dieran clases de español; por la noche él salía a divertirse mientras ellos permanecían en la embarcación. Los pequeños habían hecho amistad con Alexis, un marinero cubano que trabajaba en la Marina y que solía acompañarlos mientras el padre estaba fuera.

El presidente Castro había invertido varias horas de la noche y la madrugada en el análisis de los documentos que le proporcioné. "Le puse mucha atención a los detalles", me dijo. En realidad, no durmió durante toda la jornada. Ante la urgencia de los hechos y sin la asistencia de un traductor, tuvo que recurrir a su empolvado manejo del inglés, lengua que, al parecer, no practicaba desde sus años de estudiante de derecho, cuando se esforzó en aprenderla para leer una biografía de Lincoln. Esta vez su objetivo no era menor: comprender la nota biográfica que Nina había incluido en su reporte.

Ya era casi de madrugada cuando le confirmaron que Wissa y los niños se encontraban en el bote. De inmediato se organizó un operativo discreto y eficiente. Un grupo de seguridad se presentó en la Marina por la mañana y le pidió a Wissa su documentación migratoria: "Es necesario —le dijeron— que nos acompañe a las oficinas de Migración." Wissa entró al bote a recoger los pasaportes. Luego apareció con sus dos hijos. Algo había presentido, al parecer, pues insistió en que los niños lo acompañaran. Las autoridades les dijeron a los pequeños que Wissa debía asistir a una revisión sanitaria de rutina. Ante la reiterada súplica de Henry y Victoria, los oficiales aceptaron que ellos también hicieran el viaje. No obstante, y a manera de coartada, les hicieron ver que no cabían todos en el mismo vehículo. Wissa fue trasladado en un automóvil y sus hijos en el que lo seguía. Al abandonar la Marina, el carro de Wissa se dirigió a un centro de detención, mientras que el de Henry y Victoria se encaminó a un hospital cercano. Se les dijo que ellos también debían pasar un examen médico. Fue así como las autoridades cubanas lograron capturar a Wissa, sin que los niños presenciaran una acción que para ellos habría resultado traumática. El operativo había concluido unos minutos antes, a las 9:35 de la mañana.

Cuba pone a Henry y Victoria en manos de su madre

Con decisión, el presidente Castro me aseguró que los pequeños serían entregados a su madre de inmediato, apenas se confirmara la información proporcionada por ella. El padre sería sometido a juicio por delitos cometidos en suelo cubano. "Este hombre puso en peligro la seguridad del país", comentó.

El Comandante me hizo saber que había solicitado toda la información sobre la presencia de los niños en la Isla. Al revisar sus archivos, las autoridades descubrieron que la Sección de Intereses de los Estados Unidos en Cuba había preguntado, en notas enviadas a fines de marzo de 2003, sobre el posible paradero de Henry y Victoria. En una nota posterior, fechada el 25 de abril del mismo año, el Departamento de Estado estadounidense le hacía saber por primera vez al gobierno de la Isla que los niños habían sido secuestrados por su padre. Ese mismo día, de acuerdo con el informe fechado el 5 de mayo que las autoridades cubanas le hicieron llegar a las de los Estados Unidos, Wissa viajó a Panamá, pues había vencido su visa de estancia turística en Cuba. No existían indicios de que las autoridades estadounidenses hubieran llevado a cabo alguna investigación en Panamá, donde tienen tanta presencia; tampoco señales de que los mandos migratorios panameños hubieran recibido el boletín en el que la Interpol informaba del secuestro de los niños y solicitaba la detención de Wissa. Más aún: la nota enviada por el gobierno de los Estados Unidos en abril, tenía prácticamente la misma fecha que la carta en la que los congresistas estadounidenses le solicitaban al presidente de Egipto la entrega de los pequeños.

El Comandante comentó que, más allá de la falta de comunicación y de acción exhibida por las autoridades de los Estados Unidos, algunos funcionarios menores de la Isla habían actuado con descuido al no percatarse cuando Wissa regresó de Panamá a Cuba, de que había un reporte contra él por el secuestro de sus hijos. No obstante, en descargo de esta omisión era preciso considerar que en esos momentos Cuba enfrentaba una serie de problemas de carácter internacional que implicaban serios riesgos para el país. La noche anterior yo mismo había atestiguado la sorpresa del Comandante al enterarse del caso. Por si esto fuera poco, la diligencia con la que abordó el problema confirmó que para él un asunto así no era irrelevante; por el contrario, revestía una enorme importancia.

La necesidad de comunicar a tiempo el resultado del rescate

A partir de la lectura de los documentos que le entregué la noche anterior, Castro había redactado a mano un amplio boletín dirigido a la prensa, en el que daba cuenta de los hechos.

Mientras se mecanografiaba la nota, conversamos sobre estas buenas noticias y abordamos otras no tan alentadoras: la guerra en Irak; la alarmante expansión, en aquel país, de una "cultura del suicidio"; las presiones lanzadas contra Cuba. De vez en cuando, Fidel se interrumpía para revisar y corregir el boletín. Finalmente quedó listo. Con sensibilidad fuera de serie, las autoridades decidieron omitir cualquier fotografía de los niños para proteger su identidad. Poco después supimos que una cadena de televisión estadounidense sí las difundió.

Fidel Castro no deseaba que pasara más tiempo sin anunciar a los medios de los hechos. Cualquier indiscreción, cualquier intento de desvirtuar los acontecimientos y hacerle creer al mundo que Cuba le daba refugio a un extranjero que había secuestrado a sus propios hijos, podía arrastrar consecuencias muy adversas. Aunque comprendí la urgencia de dar a conocer la información, le hice ver a Fidel la inconveniencia de difundir el boletín antes de que la madre supiera que sus hijos estaban a salvo y que podía reencontrarse con ellos. Castro entendió. No obstante, me aseguró que no era posible posponer la divulgación de la noticia más allá de las 7:30 de la noche, pues ya se había convocado a la prensa y a esa hora los noticieros nacionales y los medios internacionales aguardarían impacientes el comunicado. En ese momento eran las cuatro de la tarde, hora de Cuba, tres de la tarde en la Ciudad de México.

Según lo previsto, Nina llegaría a la capital de México una hora después, a las 16:00 hrs. de México, lo que dejaba un tiempo apenas suficiente para hablar con ella. Era muy importante asegurar que nada (alguna filtración de la noticia, por ejemplo) impidiera que la madre de los niños se encontrara en un vuelo rumbo a La Habana a más tardar a las 19:30, hora de Cuba.

Desde el celular de Carlos Valenciaga me comuniqué a la Ciudad de México con mi asistente, Adán Ruiz, quien aguardaba el arribo de Nina. Me comentó que el avión comercial en el que se transportaba llegaría con media hora de retraso. El traslado en automóvil del aeropuerto capitalino Benito Juárez al aeropuerto Adolfo López Mateos de Toluca (de donde parten casi todos los vuelos privados) requería aproximadamente dos horas, debido al tráfico salvaje que suele atrofiar las calles de la megalópolis. Esto nos ponía en el límite de la hora acordada para dar a conocer la noticia a la prensa. Le di instrucciones a Adán para que, a nombre de Nina, rentara un helicóptero de la Ciudad de México a la capital del Estado de México. Esto nos permitiría ahorrar al menos una hora y media. Al poco tiempo, Adán me confirmó que el helicóptero ya estaba disponible en un sitio cercano a la pista donde aterrizaría el avión en el que viajaba Nina. Eran las 17:30 horas en La Habana.

140

Mientras tanto, Castro acude al hospital para conocer la situación de los niños

El Comandante quiso visitar el hospital donde se encontraban los pequeños. Salimos en su automóvil, un viejo Mercedes Benz. En pocos minutos llegamos al Centro de Investigaciones Médico Quirúrgicas (CIMEQ), un moderno complejo ubicado en la zona oeste de La Habana. Yo conocía bien este eficiente centro hospitalario, rodeado de jardines y palmeras reales: ahí, siete años atrás, había nacido mi hija menor, Ana Emilia Margarita.

En el Centro aguardaba un grupo de médicos y trabajadores sociales, encabezados por una pediatra. El presidente Castro no pidió ver a los niños, quienes se encontraban en las habitaciones del primer piso. Se sentó en una pequeña sala situada en la planta baja. Ahí escuchó con atención el reporte de las doctoras. Henry y Victoria preguntaban de manera insistente por su papá. Se les dijo que a Wissa lo estaban revisando en otro hospital. A lo largo del día, los pequeños se habían mostrado tranquilos y jugaban en sus habitaciones o en los jardines del lugar.

El Comandante habló entonces con Alexis, el marinero, un joven de aspecto serio. Castro le hizo algunas preguntas acerca de la actitud y la personalidad de Wissa. Alexis comentó que era un hombre de carácter. "¿Cómo lo sabes?", inquirió el presidente. El marinero respondió con aplomo: "Porque he conversado con él y lo he visto actuar." Castro agradeció la información.

En la Ciudad de México, el clima y el tráfico parecen conspirar en contra

Decidimos trasladarnos a un lugar que me permitiera tener una conversación telefónica segura con Nina. Su vuelo estaba por aterrizar en la Ciudad de México. Me comuniqué con Adán, mi asistente. Me informó que el avión ya estaba en tierra, pero que lo habían estacionado en la parte más lejana del aeropuerto. Los pasajeros tardarían alrededor de media hora en descender y pasar migración y aduana. Además, un fuerte chubasco amenazaba con caer de un momento a otro, lo que con seguridad impediría que el helicóptero despegara. Todo parecía confabularse en contra. Eran las 18:15 horas en Cuba. En poco más de una hora el boletín comenzaría a circular.

Comenté las novedades con Fidel Castro. Cuarenta minutos después, llamó Adán. Nina y Andrés Antonius ya estaban con él. Le pedí que se dirigiera con ellos al lugar donde aguardaba el helicóptero, para consultar con el piloto la posibilidad de partir pronto hacia Toluca. Por ningún motivo, le advertí sin embargo, Nina y Andrés debían arriesgarse a volar si las condiciones eran adversas. Esperé unos minutos. Cuando volví a llamar, escuché con alivio el motor del helicóptero. En medio del estruendo, Adán alcanzó a confirmarme que el cielo se había despejado y la aeronave ya estaba en ruta.

"Nina, tus hijos te están esperando"

Minutos después el helicóptero aterrizó en un hangar privado en Toluca. Supe que era el momento de tener una conversación telefónica confiable con Nina. En cuanto ella tomó el auricular le

142

dije: "Nina, tus hijos te están esperando." En su voz percibí una mezcla de incredulidad y esperanza: "¿En verdad?" Le confirmé lo dicho. Se hizo el silencio y enseguida pude darme cuenta de que se ahogaba en sollozos. Tratando de contener la emoción, le comenté que las autoridades cubanas estaban listas para la entrega de Henry y Victoria. "¿Estás decidida a venir a Cuba?", le pregunté, sabedor de que los ciudadanos estadounidenses tienen restricciones de su gobierno para viajar a la Isla. "¿Me lo preguntas en serio?", respondió. Y con voz decidida agregó: "¡Si fuera necesario iría por ellos nadando!"

Le dije que ahí mismo la aguardaba un avión privado para traerla sin demora. Nos despedimos con la seguridad de que en un par de horas llegaría a La Habana para reunirse con sus hijos. Colgó y de inmediato abordó la aeronave, acompañada de Andrés Antonius. Por mi parte, le pedí a Adán que me llamara en cuanto el avión despegara. Eran las 19:25 horas en Cuba. Yo estaba junto al Comandante, quien esperaba ansioso la confirmación de que Nina estaba en camino. Los minutos se hacían eternos. Volví a tomar el teléfono. Adán me dijo que el avión, con los pasajeros a bordo, se había dirigido al sitio donde se realizan los trámites migratorios, y que en ese momento lo había perdido de vista. "Ahora lo puedo ver", comentó de pronto, y antes de que concluyera escuché que el avión despegaba. Sin colgar, me volví hacia Castro: "Nina ya viene en camino", le dije.

Compartimos la noticia con alegría. Sin perder tiempo, Fidel ordenó que el comunicado oficial se enviara a los noticiarios cubanos y a la sala de prensa internacional. El mundo conoció entonces la historia de Nina, Henry y Victoria, así como el feliz desenlace de su drama.

Castro convino en que fuera yo el encargado de recibir a Nina y Andrés en el aeropuerto de La Habana. Desde ahí la llevaría de inmediato al CIMEQ, sin otra compañía que la de Carlos Valenciaga. Me comprometí con Castro a llamarle después del recibimiento.

Nina en Cuba

Llegué con Carlos a la terminal aérea un poco antes de las 10 de la noche. Aguardamos en un pequeño salón del área de protocolo. No esperamos mucho. El avión aterrizó a la hora prevista. Al pie de la escalerilla recibí a Nina con un largo y emocionado abrazo. Saludé con afecto a Andrés y presenté a Valenciaga. Sin más preámbulos, le dije a Nina que estábamos listos para llevarla con sus hijos. Antes que nada, me preguntó por la salud y el estado de ánimo de los niños. Mi respuesta la tranquilizó. Abordamos la camioneta. No había tiempo que perder.

El recorrido duró casi media hora. En el trayecto le contamos a Nina los detalles del rescate. Además, le expliqué los motivos por los que las autoridades cubanas habían considerado indispensable emitir un boletín. Traía una copia conmigo. Yo iba al volante, así que le pedí a Andrés que tradujera el texto al inglés. Ella escuchó con atención. Al final, dijo comprender plenamente las razones por las que era indispensable dar a conocer los hechos, al tiempo que agradeció la decisión de las autoridades cubanas de no entregarle a la prensa ninguna fotografía de sus hijos.

Llegamos al CIMEQ alrededor de las 10:45 de la noche. En la planta baja esperaban el director del hospital, las doctoras espe-

144

cialistas y Laurita, una eficaz colaboradora del Comandante. Los médicos pidieron hablar con Nina antes de que se reencontrara con sus hijos. Le explicaron que durante los dos años de ausencia su padre les inculcó la idea de que ella los había abandonado y que no quería volverlos a ver, por lo que era muy probable que se mostraran resentidos, incluso hostiles. Y aun le sugirieron que pensara en una forma "menos abrupta" de entrar en contacto con los pequeños. Nina los escuchó, pero luego de agradecer con calidez la atención brindada, dijo sin titubear: "Ahora voy a ver a mis hijos."

Se enfiló hacia la escalera que conducía al primer piso, con agilidad inusitada subió los escalones y se dirigió a la habitación de los niños. Los pocos testigos presentes la seguimos a prudente distancia, con pleno respeto al momento que se aproximaba.

El reencuentro

Nina entró a la habitación. Al ver a su madre, sin ocultar su sorpresa, Henry y Victoria lanzaron un grito. Enseguida, en una segunda reacción inesperada, el niño la encaró: "No quiero verte", dijo —y se alejó de ella. Su lenguaje verbal y corporal era en extremo hostil. Luego, Victoria imitó a su hermano. Nina no se movió. Con una exacta dosis de suavidad y firmeza les respondió que los había buscado sin parar durante todo ese tiempo. Los niños no cedían, pero la proximidad de la madre, su actitud cariñosa y sincera, poco a poco logró suavizarlos. Nina les habló de su antigua vida en Boston; luego, abrió un álbum de fotos que llevaba con ella y empezó a mostrárselas y a comentarlas. Victoria fue la primera en reaccionar y se acercó a su madre; pronto estaba en sus piernas. Henry resistió más, pero de nuevo Nina encontró las palabras adecuadas para atraerlo. Finalmente, también él se aproximó y se dejó abrazar.

En silencio y a distancia, unos pocos contemplamos la escena. Nadie pudo dejar de conmoverse ante ese reencuentro que ponía punto final a un doloroso y prolongado drama. No hay nada que pueda semejarse al amor de una madre por sus hijos, un sentimiento que se construye de manera lenta, cobijado en el origen por la tibieza del vientre materno; los hombres sólo podemos comprender y compartir ese sentimiento desde nuestra condición de hijos, nunca como padres.

Por primera vez en dos años, Nina y los niños duermen juntos

Hacia la medianoche de ese miércoles 25 de junio nos despedimos de Nina. Le preguntamos si deseaba pasar la noche en alguna casa o en un hotel; ella, con su probado buen juicio, decidió quedarse a dormir en el hospital. Valenciaga y Antonius me acompañaron al lugar donde me hospedaba. Desde ahí le llamé al Comandante. Me convocó y muy pronto estábamos con él comentando los pormenores del reencuentro. El tiempo pasó como agua. Cuando reparamos, ya eran las tres de la mañana del jueves 26 de junio. Quedamos en vernos más tarde para comentar el resultado de la primera noche de Nina con los niños.

A las 11 de la mañana de ese jueves llegué al CIMEQ. Todo marchaba a pedir de boca. Henry y Victoria parecían haber recuperado por completo la capacidad de comunicarse con su madre. Las autoridades cubanas le dijeron a Nina que los tres podían permanecer en la isla el tiempo que ella deseara. Sin embargo, aseguró estar tan satisfecha con la forma en que los niños habían reaccionado que deseaba regresar con ellos a casa cuanto antes, de ser posible la mañana del día siguiente. No hubo inconveniente: si ese era su deseo, le darían todas las facilidades para partir el viernes.

El Granma *anuncia el rescate*

Ese día, el periódico oficial de Cuba, el *Granma*, publicó en primera plana los pormenores del secuestro y el ulterior rescate de los niños.[1] El anuncio arranca con un enorme aviso: Nota Oficial. El texto narra los hechos con puntualidad: "Ayer martes 24 de junio, una madre estadounidense le envió a Fidel Castro un mensaje a través de un amigo de nuestro Comandante." A continuación se explican en detalle la situación de Henry y Victoria, el matrimonio de Nina con Wissa, "ciudadano de los Estados Unidos", así como los pormenores legales del divorcio. La custodia física, señala el diario, "como es habitual" se le otorgó a la madre. La nota continúa con el relato del secuestro de los niños por el padre, su posterior traslado a Egipto, la acusación en contra de Wissa en la Corte estadounidense, el intento de soborno, los interminables viajes de Nina en busca de sus hijos y, finalmente, la certeza de que los pequeños estaban con su padre en la Marina Hemingway de La Habana. El diario recoge las expresiones de angustia de Nina ante el temor de que sus hijos fueran a sufrir algún daño "debido a la actitud intransigente e irracional de Wissa". La atribulada madre, puntualiza la nota, le pidió a Cuba que protegiera

---

[1] *Granma*, 26 de junio de 2003.

a los niños y que llevara a cabo todo lo que estuviera a su alcance para que sus hijos volvieran a ella sanos y salvos.

No deja de ser sorprendente que este tipo de detalles, tan íntimos, tan del ámbito familiar, aparecieran en la primera plana del *Granma*, "Órgano del Comité Central del Partido Comunista de Cuba", según está inscrito con letras mayúsculas bajo el título del periódico. Sin embargo, el diario consideró que era indispensable dar cuenta de estos pormenores, para que los cubanos comprendieran que estaba en juego no sólo el reclamo afligido de una madre sino el prestigio de Cuba como nación humanitaria y aliada de las causas justas. Un fragmento de la nota daba cuenta de esta intención: "De ser cierto lo que esta madre alegaba, estaríamos ante un caso como el de Elián pero a la inversa, que involucraba a dos inocentes niños estadounidenses."

El diario describe luego la forma en que de inmediato, "en horas de la noche y de la madrugada", se revisaron los archivos pertinentes en busca de datos sobre Wissa. Se hallaron constancias, prosigue la nota, de que este ciudadano de los Estados Unidos había ingresado a la Isla hasta en siete ocasiones. De inmediato las autoridades dieron instrucciones de actuar, "velando sobre todo por evitar riesgos o traumas para los niños." Finalmente, el arresto se logró "de forma cuidadosa, de modo que los pequeños no pudieron siquiera percatarse." Al detenido, se agrega enseguida, se le darán todas las garantías para su defensa legal.

A continuación se informa que "a través del amigo del presidente Castro se le solicitó a la madre viajar de inmediato a Cuba." Mientras ella llegaba, las autoridades cubanas procedieron a verificar "con toda precisión los hechos que se alegan". Aquí, el *Granma* añade un dato contrastante con el largo proceso seguido para lograr el retorno del niño Elián: "De ajustarse a la realidad las indagaciones, la señora Streeter, madre de los niños, regresará a los Estados Unidos con sus hijos en el más breve tiempo posible... Al actuar en este caso, Cuba no puede olvidar la historia del niño Elián... Más del 80 por ciento de los estadounidenses apoyó su regreso a Cuba, donde residían el padre y sus familiares más allegados. Al pueblo de los Estados Unidos le debemos, por tanto, gratitud y respeto."

La nota concluye con un recordatorio: el territorio de Cuba, apunta, "jamás podrá ser usado como refugio para llevar a cabo el secuestro de un niño, aunque el autor, como en este doloroso caso, sea su propio padre...". Al final, se anotan la fecha y la hora en que se concluyó el comunicado: "junio 25 del 2003, 6:30 p.m."

El senador Kerry expresa su entusiasmo por el reencuentro de Nina con sus hijos

Un día después, el jueves 26 de junio, el entonces congresista John Kerry hizo pública su satisfacción por el feliz desenlace de aquel drama. Kerry, senador por el estado en el que habitaba Nina, como ya se ha dicho, había promovido la firma de sus colegas en el Senado para demandar la entrega de los niños a su madre. "Me da mucho gusto saber —señala Kerry en su notificación personal— que Nina Streeter y sus hijos, Henry y Victoria, por fin se han reunido y que a Anwar Wissa, el padre, lo han detenido las autoridades. Ha sido un largo y doloroso episodio para Nina, los dos niños y la familia, pero al final ha desembocado en una solución satisfactoria. Sé que todos ellos encontrarán tranquilidad juntos, sabedores de que luego de una larga odisea vuelven a ser una familia."

149

En su solidaria declaración, el senador Kerry, en campaña por aquellos días para obtener la candidatura a la presidencia de su país, comete una injusta omisión: olvida mencionar que este final feliz ocurrió en Cuba, y que fueron autoridades de esta nación las que apresaron a Wissa, rescataron a los niños y los entregaron a su madre. Señalarlo, sin embargo, no era redituable para un político estadounidense en busca de apoyos.

CNN *reporta el rescate desde Cuba*

La corresponsal de CNN en La Habana, Lucía Newman, recogió la noticia aparecida en el *Granma*. El 27 de junio, la periodista divulgó a través de esta importante cadena el resultado de aquel esfuerzo humanitario a nivel internacional. Newman reportó que fueron las autoridades cubanas las que localizaron a los dos niños en la Marina Hemingway. Asimismo, informó que los niños se habían reunido de inmediato con su madre gracias al apoyo del presidente Castro. Al final del reportaje, la propia Nina, en respuesta a una pregunta de la corresponsal, comentó: "¿Puedes imaginar lo que significa no tener a tus hijos contigo? En realidad, todo ha sido una pesadilla."

Al día siguiente, el *Granma* confirmó la entrega de Henry y Victoria a su madre. La nota deja ver la forma peculiar de hacer periodismo de los cubanos: "Sobre sólidos e irrefutables elementos de juicio, se tomó la decisión de entregar a la ciudadana norteamericana Cornelia Streeter los dos hijos que fueron ilegalmente apartados de ella y trasladados al extranjero, donde fueron obligados a una vida azarosa y llena de peligros para su salud física y mental, privados de toda posibilidad de educación y contacto alguno con la madre y demás familiares… Se ha podido conocer que la señora Streeter goza de prestigio y aprecio en la comunidad de Boston." Enseguida, el diario agrega un largo recuento de las cualidades personales de Nina: méritos deportivos, desempeño estudiantil y preparación profesional. Y concluye: "Es incuestionable que ella posee la capacidad y preparación adecuadas para superar las consecuencias del duro trauma sufrido por esos niños a los seis y nueve años de edad, y garantizarles una atención y educación esmeradas. Por ello, sin la más mínima duda y sin pérdida innecesaria de tiempo, se adoptó la decisión señalada."[2]

Después de comer con Fidel, Nina regresa con sus hijos a casa

El jueves 26, en el hospital, le propuse a Nina llevar a Henry y Victoria a nadar y jugar un rato. Le gustó la idea. En compañía de Alexis, el joven marinero, nos trasladamos a una casa cercana. Le llamé al Comandante para invitarlo a almorzar con nosotros. Aceptó. A la una de la tarde se unió al grupo. Saludó con mucha deferencia a Nina. Con sencillez y emoción, ella le dio las gracias por su pronta y generosa respuesta, la eficacia del rescate y la atención brindada a sus hijos.

Comimos juntos, mientras los niños observaban curiosos, sin comprender a cabalidad lo que sucedía. Se buscó que todo tuviera un tono informal para darles confianza y seguridad sobre su nueva circunstancia. Le pedí a Nina y al presidente Castro que

---

[2] *Granma*, 28 de junio de 2003.

pusieran sus firmas en el ejemplar del *Granma* donde apareció el recuento de los hechos. Mientras firmaba, Castro me dijo con una sonrisa afectuosa: "Salinas, en el texto oficial del *Granma* se habla de 'un amigo de nuestro Comandante en Jefe'. ¡Queda claro que ese amigo eres tú!" Nina, el Comandante y yo nos tomamos una fotografía con la página del periódico como fondo. Conservo enmarcados tanto la foto como el recorte de aquel diario, testimonios de esas horas emotivas y gratificantes.

Mientras los niños jugaban, abordamos el tema del padre detenido. Lo hicimos, claro, con la mayor discreción. Sin embargo, de pronto Henry se acercó a la mesa. "¿De qué hablan?", preguntó. "Sobre la historia y el arte", respondió Castro. "Me estás mintiendo", dijo Henry. Con una amplia sonrisa, el Comandante se rindió a la evidencia y sin más emprendió una cálida conversación con Henry, a la que Nina se sumó gustosa.

Yo tenía que dejar la Isla esa misma tarde para acudir a una cita en Houston. Me disculpé con Fidel y con Cornelia. Hacia las cuatro de la tarde salí de la casa. En un gesto fraternal y generoso, Castro ofreció acompañarme al aeropuerto. Nos despedimos en la escalerilla del avión que me condujo a la Ciudad de México.

Antes, todavía en aquella casa de La Habana, le dije adiós a Nina con un sentimiento en el que se mezclaban la emoción y una cierta nostalgia. No obstante, ambos sabíamos que a lo largo de aquellas horas intensas se habían formado lazos inquebrantables. Ella, en compañía de sus hijos y de Andrés Antonius, partió a los Estados Unidos poco después, el viernes 27 por la mañana. Ese mismo día llegaron a Boston. Por la noche Nina y sus hijos estaban, por fin, en casa.

Agosto: una comida en La Habana

El 11 de agosto de 2003 Nina, Fidel y yo coincidimos de nuevo en La Habana. Ella había llegado a la ciudad en compañía de sus abogados, para conversar con los fiscales cubanos que preparaban el caso legal contra Wissa. En cuanto a mí, me encontraba en la Isla con mi esposa Ana Paula y mis hijos Ana Emilia y Patricio para pasar ahí las vacaciones de verano. Ese día convidamos al Comandante a comer, para celebrar la víspera de su cumpleaños 77. Ya he descrito la anterior comida con Castro, Nina y los niños, efectuada el 26 de junio. A pesar de que en aquella ocasión pasamos unas horas muy gratas, los platillos dejaron mucho que desear. Un pescado mal hecho y unas verduras secas motivaron la crítica amable y juguetona de los comensales. Así que decidimos "sacarnos la espina", como se dice en México.

Mi esposa Ana Paula preparó una comida de sabores mexicanos con algunos ingredientes caribeños. Para la ocasión llevó nopales frescos desde la Ciudad de México. Sabíamos que el Comandante tenía especial predilección por los nopales. Ana Paula los cocinó con salsa de chile poblano y los sirvió con un pescado espléndido de las costas cubanas. Como entrada preparó camarones con mango de Cuba, aguacate de la región purépecha de Michoacán y una vinagreta de albácar. Como postre se sirvió una gelatina de yogur con salsa de frambuesa.

Aunque la llegada de Fidel estaba prevista para las 2:30 de la tarde, estábamos conscientes de que podía adelantarse o retrasarse, según su intensa agenda de trabajo. Media hora antes de la hora prevista la tensión comenzó a crecer. En su diario, Ana Paula anotó: "Yo estaba en la cocina revisando que la comida estuviera en orden, cuando a través de la ventana vi a unas personas vestidas de verde. Era la seguridad personal del Comandante. No faltaba mucho para que él llegara."

Poco después las puertas de la casa se abrieron y entró el Mercedes Benz negro, "con varios años encima". En él venía Castro. Mi esposa y yo lo recibimos en la puerta. Vestía su uniforme verde olivo. Se le veía de muy buen humor. Saludó con afecto a Nina y sus abogados, así como a mis hijos y otros familiares presentes. Se sentó y aceptó el tequila que le ofrecí.

Con él llegaron Felipe Pérez Roque, Carlos Valenciaga y Laurita. Al principio, la conversación se centró en los avances de Henry y Victoria en la escuela, así como en el trabajo profesional de Nina. Mientras charlábamos vi la oportunidad de acercarme al Comandante. Mi intención era entregarle un obsequio por su próximo cumpleaños. Castro recibió complacido y con entusiasmo aquel presente: una botella de vino cosecha 1953, el año del asalto al Cuartel Moncada, que en ese 2003 alcanzaba su cincuenta aniversario. "¡Este vino será parte de las reservas… del Banco Central!", comentó el Comandante en un gesto lleno de gratitud y buen humor.

Antes de pasar a la mesa, Fidel preguntó por el menú. No desaprovechó la ocasión para ironizar sobre el fracaso de la comida anterior: "Me tomé la libertad de traer mi portaviandas, el cual normalmente me acompaña. Incluye pescado y verduras al vapor." No pudimos dejar de comentarle que el portaviandas lucía un poco abollado, como un recuerdo de guerra. Después de reír sobre las ocurrencias, Castro decidió "probar su suerte" con la comida que Ana Paula había preparado.

Tiempo después me enteré de que la seguridad cubana tiene registrados más de 630 atentados contra la vida de Fidel, todos urdidos desde el extranjero. Esto explica que, en efecto, a menudo él tomaba la precaución de llevar consigo su propia comida, aunque en este caso resultó a todas luces innecesario.

Nos sentamos a la mesa alrededor de las 3:30 de la tarde. La charla fluyó con gran naturalidad y confianza. El Comandante nos habló sobre sus padres, su lugar de origen, su educación en un colegio de curas y el interés que siempre tuvo por la medicina. Luego pasamos a un tópico del momento: el problema de las llamadas "vacas locas", que entonces agobiaba a Europa. Ante la avalancha de dudas surgidas al calor de la plática, Castro decidió consultar por teléfono al ministro de Salud.

Mientras intentaba hacer la llamada, una tormenta tropical, típica del Caribe en esa época del año, azotó la Isla. La tempestad llegó acompañada de rayos y truenos. No obstante, la comida se prolongó, en parte porque la conversación propició que el Comandante, que de por sí suele hacerlo despacio, comiera más lentamente. Hablamos de la vasta tradición culinaria de México. Y al detenernos en la descripción de uno de nuestros platillos más tradicionales, el mole, sentimos que nuestro apetito se avivaba de nuevo. Le ofrecimos a Castro un mole especialmente preparado para la ocasión. Aceptó con gusto. Comió de todo con mesura y con pausa. Hacia las 10 de la noche se improvisaron unas quesadillas. La reunión concluyó a las 11:40 p.m. Nos despedimos con el sentimiento de haber compartido un momento cálido y fraterno.

La sensibilidad del presidente Bush

En septiembre de 2003, Ana Paula, mi hijo Emiliano y yo asistimos a una cena en la casa de Nina, en Boston. Ahí estaban Henry y Victoria, quienes comenzaban a reincorporarse a la normalidad.

155

También asistieron la madre y los hermanos de Nina, junto con algunos de sus amigos más cercanos. La conversación giró en torno al esfuerzo realizado por todos para ayudar a Nina en la lucha por rescatar a sus hijos.

Poco después, durante ese mismo mes, visité al ex presidente George Bush y su esposa Bárbara en su casa de Kennebunkport, en Maine. Los Bush me invitaron a compartir con ellos una cena informal. Yo tenía la intención de narrarles la experiencia vivida durante el rescate de Henry y Victoria. Además, les llevé una copia del reporte que el *Granma* elaboró sobre el asunto.

A la mañana siguiente, con su habitual calidez y sensibilidad, Bush y su esposa expresaron su sincero interés en que los niños, reincorporados a casa reencontraran, con el apoyo amoroso de su madre, la paz y la seguridad necesarias para rehacerse y seguir adelante. Esto me corroboró que la generosidad de los cubanos en aquel momento crítico representaba un nuevo aporte, sutil pero importante, al sostenido anhelo de un reencuentro pleno entre los Estados Unidos y Cuba.

Abril de 2005: *Nina gana otra batalla legal*

El 29 de abril de 2005 la prensa de Connecticut, en el noreste de los Estados Unidos, anunció el otorgamiento, por parte de un jurado local, de un pago por daños y perjuicios a favor de Nina. La madre de Henry y Victoria se anotaba un nuevo triunfo en un juicio civil. La empresa afectada, Executive Jet Management, propiedad de Warren Buffet, se dedica a la renta de aviones privados.[3]

---

[3] *Salem News*, 29 de abril de 2005.

Nina la demandó por haber aceptado transportar a Egipto a Wissa y los niños raptados en una aeronave alquilada. La parte acusadora probó que la compañía de aviones, al no atender los protocolos del caso, había facilitado el secuestro. Y es que la empresa no exigió la firma de consentimiento de ambos padres, indispensable para permitir la salida al extranjero de menores de edad. En la Corte, Executive Jet admitió haber autorizado el vuelo sin siquiera verificar que Wissa fuera el padre de los niños. Nina expresó su satisfacción por el veredicto, "un mensaje claro a las empresas de aviación privadas". Wissa también fue sujeto de una acusación civil.

La vida sigue...

Como ya he dicho más arriba, Henry, Victoria y Nina regresaron al pequeño poblado en donde habitaban, al norte de Boston. Los niños volvieron a la escuela. Gracias al empeño de Nina, quien hizo un esfuerzo adicional para pagarles clases particulares, lograron reincorporarse al grupo escolar que habían dejado un par de años antes. Como es lógico, el drama vivido en ese lapso los marcó. Ambos tienen un largo camino por delante. El tiempo y la experiencia les ayudarán a entender el sentido de aquel largo y azaroso viaje, así como a valorar con criterios propios el comportamiento de su padre. Wissa fue juzgado y sentenciado en Cuba por el delito de secuestro. Más tarde obtuvo su libertad. Se cree que hoy vive en Egipto.

Nina volvió a sus labores de medio tiempo. Trabajaba durante las horas que los niños pasaban en la escuela. También se ocupaba de compartir y analizar su historia en diversos foros, para impedir que en el futuro otros sufrieran una experiencia similar. De vez en cuando converso con ella por teléfono. Me alegra constatar que conserva su entereza y su calidez. No puedo, sin embargo, dejar de percibir en ella los resabios de la intensa zozobra que le tocó vivir.

Poco después, en una ocasión mientras hablábamos, interrumpió el diálogo: "Espera un momento porque no veo a los niños. Andan en el jardín y hace un momento estaban junto a un árbol… No los veo. Creo que están atrás del árbol… Sí, ahora los veo… Ahí están." Nina también tiene, de vuelta a casa luego de su accidentada travesía, un extenso camino por recorrer. La meta, en su caso, es fortalecer los lazos de amor con sus hijos y recuperar la calma. Conociéndola, estoy seguro que andará ese camino armada del entusiasmo y valor con los que supo enfrentar este episodio, hecho de drama, pero también de las más conmovedoras expresiones de solidaridad.

Coda

Noviembre de 2016, el adiós final a Castro y un recuerdo memorable

El 29 de noviembre de 2016 a las siete en punto de la noche inició el acto de masas en la Plaza de la Revolución de La Habana. Su propósito, como se leía en la invitación que me entregó el gobierno de Cuba, era rendir "homenaje póstumo por la desaparición física del Comandante en Jefe Fidel Castro Ruz". Su fallecimiento, el 25 de noviembre, coincidió exactamente con la fecha, 60 años antes, cuando los expedicionarios cubanos se embarcaron en el yate *Granma* en Tuxpan para llevar su revolución a Cuba. La ceremonia en la Plaza de la Revolución registraba un lleno impresionante (tal vez un millón de personas).

Ahí, durante cuatro horas, 18 jefes de Estado y de Gobierno, así como representantes de varias naciones evocaron los motivos de tan singular ceremonia. El mensaje sobrio y amistoso del presidente de México, Enrique Peña Nieto, fue aplaudido y apreciado por los asistentes. Las palabras de los jefes de Estado de África fueron de lo más elocuentes: "Después de sumarse en nuestra tierra a la lucha contra el *apartheid* y contra el colonialismo y su explotación, los soldados cubanos, al regresar a su patria, no se llevaron oro, ni diamantes ni petróleo. Solamente los restos de sus compañeros caídos en la lucha y con ellos el honor del deber cumplido, así como el agradecimiento de nuestros pueblos". La razón de mi presencia en la tribuna principal durante ese evento está explicada a lo largo de estas páginas.

Ya a finales de 2012 había tenido un encuentro memorable con el presidente Raúl Castro Ruz. Se llevó a cabo en el Palacio de las Convenciones de La Habana. En esa ocasión, además de rememorar eventos significativos de la relación entre los dos países durante mi gobierno, conversamos animadamente sobre un pasaje de la vida revolucionaria de Cuba en el que el presidente había sido protagonista. En reunión anterior lo había escuchado relatado por el Comandante Fidel Castro. Pero ahora comentado por el otro protagonista adquiría una relevancia especial. Ocurrió en diciembre de 1956. El desembarco de los expedicionarios del *Granma* en Cuba había sido casi un fracaso. De los 82 combatientes sólo una docena seguían en la lucha, el resto había perecido o estaba detenido. Y cuando la causa parecía perdida, dos de ellos, hermanos, se encontraron en las montañas del oriente de Cuba. Uno, Fidel, le preguntó: "¿Cuántos fusiles traes?" El otro, Raúl, le respondió: "Cinco". El Comandante expresó contundente: "Y dos que tengo yo, siete. ¡Ya ganamos la guerra!" Con ese ánimo siguieron hasta derrocar dos años después a la dictadura. Así lo rememoramos en esa ocasión.

Viene a mi memoria lo que el Comandante me dijo en la visita que hice a Cuba en junio de 1994 y que registraron los cronistas: "A mi edad lo que debería esperar de la vida es cumplir los 100 años, pero hay que ser realista, y uno no sueña con suposiciones. Soy un prisionero del tiempo".

El recuerdo permanente de un texto esclarecedor

Para el recuerdo y para la historia queda el hecho de que, más allá de las circunstancias y los personajes, el curso de las relaciones entre Cuba y los Estados Unidos tiene un interés fundamental para México. Ante los tiempos por venir, conviene evocar de nuevo las palabras escritas por Castro en su carta del 22 se septiembre de 1994:

> Debemos ir al fondo de los motivos que han alentado el éxodo masivo. Esto realmente iniciaría una nueva etapa en las relaciones entre los Estados Unidos y Cuba, tan conveniente para todos en este hemisferio. La normalización de las relaciones entre ambos países es la única alternativa. Un bloqueo naval no resolvería nada; una bomba atómica, para hablar en lenguaje figurado, tampoco. Hacer estallar a nuestro país, como se ha pretendido y aún se pretende, no beneficiaría en nada los intereses de los Estados Unidos. Cuba sería ingobernable por cien años y la lucha no terminaría nunca.

Las crónicas recogidas en estas páginas demuestran que cada país, cada jefe de Estado, cada pueblo del mundo, cualquiera que sea su ocupación o su responsabilidad, tiene la oportunidad de contribuir a la construcción de puentes para un acercamiento armónico entre Cuba y los Estados Unidos, dos grandes naciones habitadas por mujeres y hombres trabajadores y generosos, para alcanzar un horizonte de paz, libertad, justicia y democracia. Para México, vecino de ambos y enlazado con ellos por la geopolítica y la historia, ese horizonte resulta indispensable para su propia perspectiva de soberanía y justicia.

Anexo documental y fotográfico

La Habana, 22 de septiembre de 1994

Querido amigo:

Leí por cable internacional que usted se reunirá con Clinton el lunes, y que uno de los temas a tratar sería Cuba.

Sé que usted tiene mil y un temas de interés mexicano e incluso personal que tratar con Clinton. Pero cuánto me alegra esa posibilidad de contactar con él en este oportuno instante.

Tengo la seguridad de que usted no olvidará nunca nuestras históricas comunicaciones en aquellos días dramáticos. Hablo de históricas conversaciones porque para Cuba y su futuro lo son. Igualmente, menciono la palabra dramáticos porque así lo fueron, ya que en ese delicado y complejo enfrentamiento estaban en juego la existencia de nuestro país y tal vez la vida de no se sabe cuántos compatriotas nuestros decididos a defenderlo. No dejaría de ser tampoco muy elevado el costo de Estados Unidos, situados ante un posible problema insoluble a corto, mediano y largo plazos.

Le ruego que me crea que esos días lo pude conocer mucho mejor a usted: su inteligencia, su precisión, su eficiencia, su seriedad. Como ya le dije, sin su participación no habría sido posible el acuerdo. No quise pedir garantías adicionales porque no deseaba realmente poner en duda la honorabilidad de Clinton, y sobre todo porque lo teníamos a usted como garante, y eso era para nosotros lo esencial. Los intercambios fueron rápidos y también las respuestas. Por nuestra parte, hemos mantenido absoluta discreción. Veo que usted, por lo que pude apreciar sin abordar el asunto, ni siquiera a su Ministro de Relaciones Exteriores informó del contenido de los intercambios. Yo, por otro lado, he sostenido conversaciones con varias importantes personalidades norteamericanas que nos han visitado, y no he pronunciado una sola palabra sobre el tema. A nuestra opinión pública solo hemos informado lo tratado en Nueva York, aunque ello no fuera tarea fácil. Era necesario extremar la discreción. Pienso que lo hemos logrado. Que la historia se

Excmo. Sr. Carlos Salinas de Gortari
Presidente
Estados Unidos Mexicanos

*encargue de consignarlo todo. Gabo, por fortuna, sea tal vez el más
excepcional e informado testigo de nuestro trabajo. Cuán sabio fue
de su parte introducirlo en todo esto.*

*Quizás ahora se abre una nueva página. De usted va a depender
mucho. Es necesario que ahora Clinton haga realidad sus palabras en
relación con las medidas del 20 de agosto, en el plazo prometido, y
que ello no se dilate un día más y se incluyan todas y cada una de
las medidas anunciadas ese día, ni una más ni una menos, tal como se
expresaba claramente en el párrafo que eliminamos del comunicado de
Nueva York, a solicitud de Clinton. Después es necesario un período
"que no sea para las calendas griegas", como le dije, en el cual
debemos ir realmente al fondo de la cuestión que compulsa el éxodo
masivo. Esto realmente iniciaría una nueva etapa en las relaciones
Estados Unidos/Cuba, tan conveniente para todos en este hemisferio.
Es la esencia de lo que ahora esperamos de los intercambios
sostenidos y los compromisos adquiridos.*

*No nos gustó, se lo digo con toda franqueza, la Declaración de Río.
"Es una descarada intervención en los asuntos internos de Cuba y una
traición", le dije a su Canciller Tello. El nos explicó, y nosotros
ya lo sabíamos, el arduo y constructivo trabajo que usted e Itamar
realizaron. También nos entregó copia de sus nobles y valientes
palabras. Nos dolió mucho, muchísimo, el momento en que esas
declaraciones se produjeron. Por ese turbio y cobarde camino nada
se alcanzará jamás de nosotros.*

*Debo añadirle, para finalizar, que estamos cumpliendo rigurosamente
nuestros compromisos. Como le expresé en mi última comunicación que
esperábamos hacerlo, se logró detener las salidas masivas sin uso de
la fuerza, sin violencia, sin armas, sin una sola gota de sangre.
Contamos con el respeto y la autoridad de la Revolución aun ante sus
propios adversarios o de aquellos que ante duros sacrificios y
necesidades se ven compulsados a emigrar de esta plaza sitiada,
hostigada y amenazada que es Cuba.*

*La normalización de las relaciones entre ambos países es la única
alternativa; un bloqueo naval no resolvería nada, una bomba
atómica, para hablar en lenguaje figurado, tampoco. Hacer estallar
a nuestro país, como se ha pretendido y todavía se pretende, no
beneficiaría en nada los intereses de Estados Unidos. Lo haría
ingobernable por cien años y la lucha no terminaría nunca. Sólo la
Revolución puede hacer viable la marcha y el futuro de este país.*

Ojalá usted pueda convencer a nuestro ya casi común amigo de estas
verdades, en el breve tiempo de que disponga para ello durante su
encuentro.

No olvidaré tampoco nunca sus diáfanas y categóricas palabras cuando
le expresé mis preocupaciones de que alguien pretendiera interferir
en cuestiones que atañen exclusivamente a la independencia y
soberanía de Cuba: "Usted tiene la fórmula, no lo acepte."

Le deseo éxitos en todo, querido amigo, y le envío un fuerte abrazo.

Fidel Castro Ruz

Con Fidel Castro, Ciudad de México, 30 de noviembre de 1994.

Reunión con el vicepresidente Al Gore, Ciudad de México,
30 de noviembre de 1994.

Con mi par estadounidense, Bill Clinton, Nueva York, mayo de 1993.

Con el Comandante en la IV Cumbre Iberoamericana de jefes de Estado
y de Gobierno, Cartagena de Indias, Colombia, junio de 1994.

En La Habana con Fidel Castro, visita de Estado a Cuba, 1994.

Con Nina, la madre de los niños rescatados y el Comandante, La Habana, Cuba, junio de 2003.

Saludando al Comandante, Centro Nacional de las Artes, México,
noviembre de 1994.

Encuentro con el presidente Raúl Castro, La Habana, Cuba, 2012.

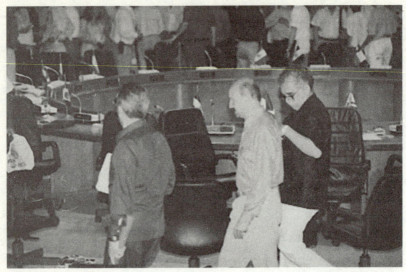

Con Gabo en la IV Cumbre Iberoamericana de jefes de Estado y de Gobierno, Cartagena de Indias, Colombia, junio de 1994.

Con Felipe González y el Rey Juan Carlos en la I IV Cumbre Iberoamericana de jefes de Estado y de Gobierno, Jalisco, México, junio de 1991.

Muros, puentes y litorales de Carlos Salinas de Gortari
se terminó de imprimir en marzo de 2017
en los talleres de
Litográfica Ingramex, S.A. de C.V.
Centeno 162-1, Col. Granjas Esmeralda, C.P. 09810,
Ciudad de México.